城市隧道养护与维修

主　编　陈伟梅　邵　俊　王云江

中国建材工业出版社

图书在版编目（CIP）数据

城市隧道养护与维修/陈伟梅，邵俊，王云江主编
．--北京：中国建材工业出版社，2023.9
（城市市政设施养护与维修系列丛书）
ISBN 978-7-5160-3668-6

Ⅰ.①城… Ⅱ.①陈… ②邵… ③王… Ⅲ.①城市隧道—隧道维护 Ⅳ.①U459.9

中国国家版本馆 CIP 数据核字（2023）第 004143 号

内容简介

随着城市建设的发展，城市快速路、地下管廊、隧道等随处可见。交通运输量的大幅增长和城市隧道使用年限的增加使得隧道结构的一些病害逐渐显现，开展城市隧道结构的养护与维修能有效延长结构使用寿命和大修周期。本书主要内容包括隧道检查，土建结构养护维修，机电系统日常养护维修，突发事件处置方案，安全、文明养护和消防、环境管理及综合治理措施等。

本书可供从事市政工程、隧道养护与管理的技术人员学习参考，也可作为高校市政工程、环境工程等相关专业的教学辅导用书。

城市隧道养护与维修
CHENGSHI SUIDAO YANGHU YU WEIXIU
主编 陈伟梅 邵 俊 王云江

出版发行：中国建材工业出版社
地 址：北京市海淀区三里河路 11 号
邮 编：100831
经 销：全国各地新华书店
印 刷：北京雁林吉兆印刷有限公司
开 本：850mm×1168mm 1/32
印 张：3.25
字 数：80 千字
版 次：2023 年 9 月第 1 版
印 次：2023 年 9 月第 1 次
定 价：28.00 元

本社网址：www.jccbs.com，微信公众号：zgjcgycbs
请选用正版图书，采购、销售盗版图书属违法行为

编委会

主　　编： 陈伟梅　邵　俊　王云江

副 主 编： 戴增因　朱　慧　陈永锋　沈烈慧
毛陈军

参　　编： 叶高敏　范　能　俞宁娜　屈立宇
朱　静　王利娜　杨　涛　叶良顺
唐恩慧　冯　敏　邱小桦　朱雅智

主编单位： 杭州市市政工程集团有限公司
杭州市路桥集团股份有限公司
浙江省隧道工程集团有限公司

参编单位： 杭州市建设工程质量安全监督总站
杭州恒泰建设工程有限公司
杭州市拱墅区综合行政执法局
杭州市拱墅区发展改革和经济信息化局
嘉兴市南湖区住房和城乡建设局
嘉善县建筑管理服务中心

前　　言

21 世纪人类面临着人口、粮食、资源和环境的四大挑战，大量的土建工程拔地而起，大片良田被钢筋混凝土所占据，居住、交通、环境的矛盾日益突出。国际上已提出，“把 21 世纪作为人类开发利用地下空间的年代”。把地面活土多留点给农业和生态环境，使地下空间成为人类在地球上安全舒适的第二个空间。

随着经济的快速发展，我国城市建设突飞猛进，城市高架、快速路、地下管廊、隧道随处可见，交通运输量大幅增长，车辆载重也越来越大，同时随着城市隧道使用年限的增加，隧道结构的一些病害逐渐显现并呈现出日益加重的趋势。

俗话说，“三分建，十分养”。合理、全面地开展结构的养护维修，不仅可以保障设施的正常运行，还能有效延长结构使用寿命和大修周期，降低成本，这对隧道工程的长久发展有着至关重要的意义。

隧道养护与维修可大大降低事故的发生，避免国民经济和人民生命财产出现重大损失。因此，对桥隧结构进行养护和加固显得更加重要。

本书基于实用、系统、可操作性强的编写要求，系统介绍了隧道的常见病害养护与维修等内容。全书分为两部分共5章，内容包括：隧道检查、土建结构养护维修、机电系统日常养护维修、突发事件处置方案、安全文明养护和消防环境管理及综合治理措施。全书注重理论联系实际，对从事隧道养护的管理者和技术人员具有较好的指导作用。

本书参考和引用了同行学者的著作、论文和相关标准规范，并在编写过程中得到了诸多同行的帮助，在此向他们致以诚挚的谢意！

限于水平，本书难免有疏漏和不当之处，敬请广大读者批评指正。

编　者

2023年6月

目　录

绪　论

养护管理的任务主要有如下要求。

一、确保隧道运营安全、畅通、经济

隧道设施、设备的完好是确保交通安全、快捷、舒适的基础。以杭州市庆春路隧道为例，庆春路隧道是穿越钱塘江的重要节点，交通量大，因此养护作业难度以及进行维护作业时对交通的影响比较大。所以我们要对隧道养护工作的内容、方式、标准进行合理定位，以保证隧道运营安全、畅通、经济。

二、确保隧道设计功能实现、结构完好和安全受控

根据隧道设施、设备的设计要求，制定各类设施、设备具有针对性的养护维修计划，达到隧道运营、养护的各项技术标准，使其服务功能得到充分体现，管理效益、技术效益、经济效益和社会效益得以全面实现。通过各种养护手段，确保隧道达到甚至超越它的设计寿命。

三、保持隧道整洁、舒适的通车环境

在保证隧道设施、设备完好，运营安全、畅通的基础上，重视隧道各项保洁工作，制订详细的设施保洁计划和环境控制程序，并确保实施，保持隧道具有整洁、舒适的通车环境。

四、积累隧道运营、养护的各类技术资料

在隧道运营、养护工作中，认真积累隧道运营、养护的各类技术资料，重视各类信息的收集，吸取国内外隧道管理的经验教训，做好各类技术储备工作，为长效管理打好扎实的基础。

五、不断改进、提高隧道运营、养护水平

通过隧道运营、养护的实践，虚心向从事隧道养护的国内外同行学习，向竞争对手学习，借鉴他们的先进经验，不断摸索隧道养护规律，不断完善工作思路、方法，持续提高隧道运营、养护水平。

第一章　隧道检查

第一节　基本要求

为确保隧道的安全可靠运行、结构稳定、防水有效、主要功能发挥正常，保证其100年的使用年限，必须根据设计要求、结合设计条件、充分掌握工程实时状况，再以真实检测数据为依据，进行长效、全面、科学的管理，即采用“早期发现、及时维护”“勤检查、早发现、少维护”的养护管理方法。因此，必须认真做好隧道的经常性检查与定期检查，对隧道结构的关键部位及其相对位移进行检测、监视。

第二节　隧道检查分类

隧道检查可以分为：

1. 经常检查：以目测为主，每月1次。

2. 定期检查：用仪器测量，每年2次。

3. 特殊检查：当发生交通事故、起火爆炸、自然灾害及结构损害时，应及时进行特殊检查。

4. 隧道结构安全性测量、检查；沉降测量、渗漏水点检测等。

第三节　检查内容

一、经常检查

1. 经常检查是对土建结构的外观状况进行的日常巡视检查。通过经常检查，可及时发现早期破损、显著病害或其他异常情况，以便采取对策措施。

2. 检查的频率应不少于每月 1 次。在雨季或冰冻季节，应加强经常性的检查工作。

3. 检查宜采用目测法，配合简单的检查工具进行。

4. 检查以定性判断为主，检查内容包括：

1）主要检查各结构部件的功能是否完好、有效，运行是否正常，是否有影响车辆、行人通行等情况：

（1）洞口：边（仰）坡有无危石、积水、积雪，洞口有无挂冰，边沟有无堵塞，构造物有无开裂、倾斜、沉陷等；

（2）洞身：结构有无开裂、倾斜、沉陷、错台、起层、剥落、渗漏水；

（3）衬砌：结构有无裂缝、错台、起层、剥落、渗漏水；

（4）挡墙和护坡：是否坚固、耐用、完好；

（5）路面：有无拱起、坑洞、开裂、错台等；

（6）人行道或检修道：结构有无撞坏、破损，盖板有无缺损、松动；

（7）栏杆或护栏：有无松动、缺损、变形、损坏；

（8）排水设施：有无破损、堵塞、积水、结冰；

（9）墙体、装饰层：有无变形、破损、漏水、脏污；

(10) 隧道内各类设施：设备箱门、通道门、交通信号、交通标志是否完好。

2）是否存在城市市政设施管理条例中规定的各类违章现象；

3）隧道安全保护范围内的施工作业情况。

检查结果应及时填入“经常检查记录表”，翔实记述检查项目的破损类型，估计破损范围和程度以及养护工作量，做出分类判定，并采取相应的对策措施。

二、定期检查

定期检查是指按规定周期对土建结构的基本技术状况进行的全面检查。通过定期检查，可系统掌握结构基本技术状况，评定结构物功能状态，为制订养护工作计划提供依据。

1）检查周期宜每半年 1 次，检查安排在春季和秋季进行。隧道在交付使用半年时进行首次定期检查。

2）检查宜采用步行方式，配备必要的检查工具或设备，进行目测或测量检查。检查时，应尽量靠近结构，依次检查各个结构部位，注意异常情况的发展变化。对于有异常情况的结构，应在其适当位置做出标记。检查结果尽可能量化。

3）定期检查和特殊检查的结果，宜按表 1-1 的规定分为三类判定；专项检查的结果，宜按表 1-2 的规定分为四类判定。

表 1-1　定期和特殊检查后结果的判定

判定分类	检查结论
O	情况正常（无异常情况，或虽有异常侵害但很轻微）
A	存在异常情况，但不明确，应进一步检查或观测以确定对策
B	异常情况显著，危及行人，应采取处置措施或特别对策

表 1-2　专项检查结果的判定

判定分类	检查结论
1A	结构存在轻微破损，现阶段对行人、行车不会有影响，但应进行监视或观测
1B	结构存在破坏，可能会危及行人、行车安全，应准备采取对策措施
2B	结构存在较严重破坏，将会危及行人、行车安全，应尽早采取对策措施
3B	结构存在严重破坏，已危及行人、行车安全，必须立即采取紧急对策措施

4）当定期检查的判定结果为 A 时，应进行监视、观测或特殊检查；当特殊检查的判定结果为 A 时，应做专项检查。

5）检查的内容及判定标准宜按表 1-3 执行，应根据隧道的实际情况进行选择。

表 1-3　定期检查内容及判定

项目名称	检查内容	判定	
		A 类	B 类
洞口	山体有无滑坡、岩石有无崩塌的征兆；边坡、护坡等有无缺口、流涌水、沉陷、塌落、变形、位移等	存在滑坡的初步迹象，尚未危及交通	山体开裂、滑动，岩体开裂、失稳，已危及交通
	护坡、挡墙有无裂缝、断缝、倾斜、鼓肚、滑动、下沉或表面风化，泄水孔堵塞，墙后积水，周围地基错台、空隙等	存在此类异常情况，尚未妨碍交通	护坡、挡墙等产生开裂、变形、移位等，可能对交通构成威胁

续表

项目名称	检查内容	判定	
		A类	B类
洞身	墙身有无开裂、裂缝	墙身存在轻微的倾斜或下沉等，尚未妨碍交通	由于开裂，衬砌存在剥落的可能，对交通构成威胁
	结构有无倾斜、沉降、断裂	墙身存在轻微的倾斜或下沉等，尚未妨碍交通	通过肉眼观察，即可发现墙身有明显的倾斜、下沉等；洞门与洞身连接处有明显的环向裂缝，有外倾的趋势，对交通构成威胁
	混凝土钢筋有无外露	存在轻微的外露现象，尚未妨碍交通	混凝土保护层剥落，钢筋外露，受到锈蚀，对交通构成威胁
衬砌	衬砌有无裂缝、剥落	在拱顶或拱腰部位存在裂缝，尚未妨碍交通	衬砌开裂严重，混凝土被分割成块状，存在掉落的可能，对交通构成威胁
	衬砌表层有无起层、剥落	存在起层、剥落，并有压碎现象，尚未妨碍交通	衬砌严重起层、剥落，对交通构成威胁
	墙身施工缝有无开裂、移位	存在此类异常现象，尚未妨碍交通	接缝开口、移位、错台等引起止水板或施工缝处砂浆掉落，继续恶化可能妨碍交通
	洞顶有无渗漏水	存在漏水现象，尚未妨碍交通，但影响隧道内设备的安全	洞顶大规模漏水，已妨碍交通

续表

项目名称	检查内容	判定	
		A类	B类
路面	路面有无塌（散）物、油污、滞水、结冰；路面有无拱起、沉陷、错台、坑洞、开裂、溜滑	存在此类异常现象，尚未妨碍交通	路面出现严重的拱起、沉陷、错台、裂缝、溜滑以及结冰，已妨碍交通
人行道、检修道	道板和铺装层有无破损、缺失，栏杆和护栏有无损坏、锈蚀	道板局部破损，栏杆锈蚀，尚未妨碍交通	道板损坏多处，栏杆损坏变形，已妨碍交通
排水设施	结构有无破损；边沟盖板是否完好；沟管有无开裂漏水；排水沟（管）、积水井等有无淤积堵塞、滞水、结冰	存在此类异常现象，尚未妨碍交通	由于结构破损或杂物堵塞，截水沟、排水管（沟）淤积泥土、滞水，已妨碍交通
墙体、装饰层	有无变形、破损，有无漏水、脏污	存在此类异常现象，尚未妨碍交通	存在严重变形、破损、漏水、污染，已妨碍交通
交通标志	有无变形、破损、脏污；是否完好	存在此类异常现象，尚未妨碍交通	存在变形、破损、缺损、脏污，已妨碍交通

6）检查结果应及时填入“定期检查记录表”，应详细、准确地记录各类结构的基本技术状况，分析病害的成因，给出判定结论。

7）定期检查完成后，应提交“土建结构定期检查报告”，内容包括：

（1）对土建结构的技术状况和功能状态的评价；

（2）对土建结构养护维修状况的评价及建议；

（3）需要实施专项检查的建议；

（4）需要采取处置措施的建议。

此外，检查报告还应附上检查记录表、隧道展示图以及其他有关检测记录的资料。

三、特殊检查

特殊检查是在隧道遭遇自然灾害、发生交通事故或出现其他异常事件后，对遭受影响的结构立即进行的详细检查。通过特殊检查，可及时掌握结构受损情况，为采取对策措施提供依据。

1）应根据受异常事件影响的结构决定采取的检查方法、工具和设备。

2）特殊检查后，还应针对受异常事件影响的结构或结构部位作重点检查，掌握其受损情况。

3）特殊检查后应按定期检查的标准判定，当难以判明破损的原因、程度等情况时，应做专项检查。

4）对于特殊检查结果的记录，与定期检查相同。检查完成后，应提交特殊检查报告，包括检查记录、评估异常事件的影响、给出判定结论及确定合理的对策措施。

四、专项检查

专项检查是指根据定期检查和特殊检查的结果，或者通过其他途径，判断需要进一步查明某些破损或病害的详细情况而进行的更深入的专门检测。通过专项检查，可完整掌握破损或病害的详细资料，为是否实施处置以及采取何种处置措施等提供技术依据。

1）专项检查宜委托具有相应检测资质的专业机构实施。

2）检查的项目、内容及要求，应根据定期检查或特殊检查后的结果有针对性地确定。

3）检查人员应对有关的技术资料、档案进行调查，并对隧道周围的地质及地表环境情况等展开实地调查，以充分掌握相关技术信息，寻找土建结构发展变化的原因，确保专项检查结果的准确性。

4）检查结果可按外荷载作用、材料劣化和渗漏水三种主要情况分别考虑，并进行判定分类。

外荷载作用而导致的结构破损，以衬砌变形、移动、沉降、裂缝、起层、剥落以及突发性坍塌等为主要表现形态，其判定按表 1-4 执行。

表 1-4　外荷载作用所致结构破损的判定基准

判定	异常情况			
	衬砌变形、移动、沉降	衬砌裂缝	衬砌起层、剥落	衬砌突发性坍塌
1A	虽存在变形、位移、沉降，但已停止发展，已无可能再发生异常情况	存在裂缝，但无发展趋势	—	—
1B	出现变形、位移、沉降，但发展缓慢	存在裂缝，有一定发展趋势	—	衬砌侧面存在空隙，由于地下水的作用，未来空隙可能会扩大
2B	出现变形、位移、沉降，近期内结构物功能可能会下降	裂缝密集，出现剪切性裂缝，发展速度较快	侧墙外裂缝密集，衬砌压裂，导致起层、剥落，侧墙混凝土可能掉落	拱背背面存在大的空洞，上部落石可能掉落至拱背
3B	出现变形、位移、沉降，结构物应有的功能明显下降	裂缝密集，出现剪切性裂缝，且发展速度快	由于拱顶裂缝密集、衬砌开裂，导致衬砌起层、剥落，混凝土块可能掉落	衬砌拱部背面存在大的空洞，且衬砌有效厚度很薄，空洞上部可能掉落至拱背

由材料劣化而导致的结构破损，一般出现衬砌强度降低、起层、剥落、钢材腐蚀等形态，其判定可按表 1-5 执行。

表 1-5　材料劣化所致结构破损的判定基准

判定	异常情况		
	衬砌断面强度降低	衬砌起层、剥落	钢材腐蚀
1A	存在材料劣化情况，但对断面强度几乎没有影响	难以确定起层、剥落	表面局部腐蚀
1B	由于材料劣化等原因，断面强度有所下降，结构物功能可能受到损害	—	钢材表面孔蚀或全部生锈、腐蚀
2B	由于材料劣化等原因，断面强度大幅下降	由于侧墙部位材料劣化，导致混凝土起层、剥落，混凝土块可能掉落或已有掉落	由于腐蚀，钢材断面明显减小，结构物受到损害
3B	由于材料劣化等原因，断面强度明显下降，结构物功能损害明显	由于拱顶部位的材料劣化，导致混凝土起层、剥落，混凝土块可能掉落或已有掉落	—

对于渗漏水，结冰、砂土流出等形态的破损，其判定可按表 1-6 执行。

表 1-6　渗漏水、结冰、砂土流失所致的结构破损的判定基准

判定	异常情况	
	渗漏水	结冰、砂土流出
1A	从衬砌裂缝等处漏水，几乎不影响行车安全	有渗漏水，但目前几乎没有影响

续表

判定	异常情况	
	渗漏水	结冰、砂土流出
1B	从衬砌裂缝等处漏水，近期可能会影响行车安全	由于排水不良，铺砌层可能积水
2B	从衬砌裂缝等处涌水，影响行车安全	由于排水不良，铺砌层积水
3B	从衬砌裂缝等处喷射水，严重影响行车安全	由于漏水等，形成挂冰、冰柱后侵入规定限界；砂土等伴随漏水流出，铺砌层可能发生浸没和沉降

5）检查完成后，提交“专项检查报告”。报告内容如下：

（1）检查的主要经过，包括检查的组织实施、时间和主要工作流程等；

（2）所检查结构的技术状况，包括检查方法、试验与检测项目和内容、检测数据与结果分析以及对破损结构的技术评价等；

（3）对病害的成因、范围、程度等情况的分析，及其维修处置对策、技术以及所需资金等建议。

第四节　结构检测

隧道运行实践反映，隧道土建结构安全方面的问题，除隧道范围内地面堆卸因素引起的结构异常是直接的，其他大部分是渐变的，容易使管理人员思想麻痹，一旦发现构造出现裂缝、移位、开裂、变形等现象时，往往不能确切掌握发生的准确时段，这为发现、处理问题的及时性和准确分析带来困难。造成此种情况的原因往往是检查面未全覆盖，疏漏了重点部位；检查中走马观花，未仔细观察，未保存积累良好、连续记载的检查结果资料。

在进行结构检测时，要做到以下几点：

1. 查阅隧道地质剖面图等设计资料，了解地层骤变的地段，明确需重点加强的位置，将这些部位作为今后运行中土建结构的重要检查点。

2. 仔细勘察、分析设计要求以及施工单位实施的隧道沉降监测控制网和施工阶段中的沉降测量数据，了解隧道在初始阶段的沉降速率和不均匀沉降较大的位置，将这些数据与运行阶段的沉降测量良好衔接。

3. 研究施工中的堵漏资料，熟悉施工中的漏点位置和注浆记录，为运行阶段防渗水治理做好准备。

一、渗漏检测

隧道的渗漏现象将直接影响工程寿命，引起沉降变形，并影响正常的通车运营。因此，必须做好技术方案，发现渗漏要及时封堵，堵漏时须查清渗漏水的原因、流量、压力大小及分布规律，并进行妥善治理。

（一）测定目的

渗漏水量测定即测量运营隧道每天每一平方米的实际平均渗漏水量，与设计要求相比较，判别是否符合要求，以便确定是否采取防水措施。

（二）测定原理

先测定隧道所有集水池在一定时段内的蓄水增量，再计算其与隧道内表面积和所花时间乘积之比。也可测定每个集水池在一定时段内的蓄水增量，再计算其与汇集渗水的隧道区段内表面积和所花时间乘积之比，第 2 种测定方式可测定隧道各区段的渗漏水量，能掌握隧道各区段防水性能的差异。

（三）测量方法

1. 在集水池内侧壁垂直固定设置 1 米长毫米刻度的不锈钢标尺，精度为小于 3 毫米。

2. 手动方式启动排水泵，使集水池水位下降至标尺下端合适处，读记标尺的水面位置指示值。

3. 间隔 8 小时，再读记一次标尺的水面位置指示值。

4. 计算两者之差，即 8 小时水位增量，用增水量乘以集水池面积即得增量水的体积。

5. 再用增量水体积除以该段隧道内表面积和测量起始时间（8 小时）之乘积即得该段隧道的平均渗漏水量。

6. 隧道渗漏水量测定报警点设置。

7. 分段计算式：

$$q_i = 24S_i \times H_i \times 10^3 / (T_i \times M_i)$$

平均渗漏量：$Q = \sum S_i \times H_i \times 24 \times 10^3 / T_i \times M$

其中 q_i 表示隧道内该渗水段渗漏量（L/d×m²）；S_i 表示该泵房水池面积（m²）；H_i 表示该泵房水池在测定时间内，液位上升量（m）；T_i 表示该渗水段测试时间（h）；M_i 表示该渗水段至水池，隧道外壳内表面面积（m²）；Q 表示全隧道平均渗漏率；M 表示全隧道外壳内表面面积（m²）。

（四）测量要求

1. 渗漏水测定应在无雨时进行，此时段内不准有养护用水侵入（如冲洗路面），能排入隧道的生活用水一律停止使用。

2. 前后两次读记标尺应由同一人执行，以减少读记误差。

3. 如渗漏水量过少，则应延长测定时段。

4. 测定时段内不能开启排水泵。

5. 记录气温、气候和当时潮位。

二、混凝土碳化检测

混凝土碳化是指混凝土本身含有大量的毛细孔，空气中二氧化碳与混凝土内部的游离氢氧化钠反应生成碳酸钙，造成混凝土疏松、脱落。混凝土碳化本身对混凝土并无破坏作用，其主要危害是混凝土碱性降低，使钢筋表面在高碱环境下形成的对钢筋起保护作用的致密氧化膜遭到破坏，使混凝土失去对钢筋的保护作用，从而使混凝土中钢筋锈蚀。同时，混凝土的碳化还会加剧混凝土的收缩，这些都可能导致混凝土的裂缝产生和结构破坏。

（一）检测依据

检测时要依据行业标准《公路桥梁承载能力检测评定规程》(JTG/T J21—2011)

（二）检测方法

1. 首先在欲测试的混凝土体钻孔，孔径在 15mm 左右，孔深大于混凝土碳化层厚度。

2. 一个区域布置三个测孔，三个测孔应以“品”字形排列，孔距根据构件尺寸大小确定，且应大于两倍孔径。

3. 成孔后用毛刷将孔中碎屑、粉末清除，暴露混凝土新茬。

4. 将配置指示感应液（酚酞试剂）喷洒于孔壁内。

5. 待酚酞指示剂显色后，用测深卡尺精确测量变色交界处的深度，并作记录。

6. 若混凝土碳化深度大于构件保护层厚度，需对混凝土保护层采取密封等工程措施。

第二章　土建结构养护维修

第一节　隧道主体结构养护维修

一、混凝土结构（暗埋段箱涵、U 形槽及防撞墙等）的一般裂缝维修

（一）病害判断

混凝土结构裂缝应当根据裂缝种类和裂缝部位加以判断、鉴别，要根据裂缝部位和裂缝种类采用不同的方法进行维修。

对于大于结构裂缝限值的裂缝要引起高度重视，应立即以书面形式向业主报告并在等待业主下达指令期间，加强裂缝观察、认真记录裂缝变化数值，以供业主决策。

（二）维修方法

1. 刻槽封闭或凿槽嵌补法：用混凝土锯、手动或气动工具锯或凿裂缝的裸露面，使缝扩大成槽形豁口，在每条缝面边 5～10mm 范围内用钢丝刷刷毛，再用压缩空气吹净（不得有水珠和油渍）。然后用各种黏结材料，如环氧砂浆等进行填充封闭。该法仅适用于封闭细小裂缝、死缝和没有结构意义的裂缝。

2. 加箍缝封闭法：当钢筋混凝土构件产生主拉应力裂缝

且裂缝不严重时，可采用在裂缝处加箍使裂缝封闭的方法。箍可用扁钢焊成或圆钢制成，可直箍也可斜箍，其方向应和裂缝垂直。箍与混凝土的上、下接触面可垫角钢或钢板。

3. 加配钢筋修补法：封闭裂缝，钻与结构面成 45°并与裂缝平面成 90°交叉孔，泵送环氧聚酯填充孔洞和裂缝，每孔插入一根钢筋。环氧聚酯与钢、孔壁黏结，充填裂缝，把开裂的混凝土面黏合在一起，从而达到加强截面的目的。

二、隧道混凝土结构表层缺陷的维修

（一）病害种类

混凝土结构表层缺陷的类型有：蜂窝、露筋、麻面、空洞、磨损、碳化、剥落、表层成块脱落、构件变形、接缝不平等。

（二）维修方法

1. 蜂窝、空洞的维修：

1）混凝土维修法一般指直接灌注、喷射及压浆等。对于面积较大的维修工作，在灌筑前还应立上模板，以保证维修的外观质量。

2）施工前应把构件中的蜂窝或空洞缺陷部分尽可能凿除，且对维修部位进行凿毛处理，并使老混凝土表面保持湿润清洁、不落灰尘；为使新老混凝土结合良好，应在界面上涂抹一层水泥砂浆或其他界面处理剂。

3）维修完成后要加强养护。

2. 混凝土碳化和钢筋锈蚀的维修：

1）凿除损坏混凝土：凿除因锈蚀而损坏的混凝土，使钢筋全部露出；当混凝土易于清除时，钢筋周围 2.5mm 左右范围内的混凝土可保留在下一步骤里清除。

2）表面除锈：①手工除锈。先用刮刀、手锤、钢刷等工具铲、敲、刷，除去浮锈、尘土，再用钢丝刷、砂布、砂轮等刷、磨，除去锈蚀并打磨光。②机械除锈。用风动刷、除锈枪或电动刷除锈，除锈后立即对钢筋进行防锈处理。

3）为提高新老混凝土之间的黏结力，用丙酮清洗混凝土表面、钢筋，在处理表面上均匀涂上胶黏剂（界面剂）。

4）浇筑新的混凝土。可采用普通混凝土、环氧混凝土或聚合物混凝土。

5）表面处理，为防止混凝土表面产生中性化（碳化）而继续受损，对新浇混凝土进行表面处理，如涂上防水剂或涂料。

3. 其他表面病害的维修：

可采用水泥砂浆人工涂抹法修理。对于小面积的缺陷，特别是当损坏深度较浅时，在经处理后的修补处，将拌和好的砂浆用铁抹抹到修补部位，反复压完后进行养护，一段时间后在维修的区域周围涂上两层环氧树脂胶液封闭产生的裂缝。

第二节　隧道路面养护维修

一、隧道沥青路面的养护维修要求

隧道空间狭小、交通不能中断，因此隧道出现病害时难以及时操作，所以要加强日常检查，采取预防性养护措施，对局部、轻微的初始破损要及时维修。同时要注意采用新材料、新方法和新工艺，以保证快速施工，满足安全性高的要求。

二、养护维修方法

1. 坑塘的维修要做到圆洞方补、浅洞深补、湿洞干补。

1）零星挖补必须做到圆洞方补、湿洞干补、浅洞深补、切边整齐且垂直，其边线与路中心线平行或垂直。

2）大面积的网状裂缝、松散、破碎、车辙维修应须铣刨旧路面，铣刨厚度不小于最小面层厚度或铣刨至沥青磨耗层底。

3）对路面病害维修前后须拍照，记录病貌、修补日期、时间、气象资料和修补人等。

4）路面维修时先用切割机将边线切割整齐，然后清除杂物，涂刷沥青黏结剂，或专用胶水，再摊铺沥青混合料，并注意适当抛高。无论路面病害维修面积大小，都必须使用压路机及时碾压密实。

2. 麻面或松散的维修：对局部地段的麻面或松散可清扫干净，铣刨后重新摊铺。其他由于基层变形引起的松散，先处理基层后再修复路面。

3. 拥包的维修：拥包范围内用直尺画矩形（与中心线平行或垂直），用小型切割机切深 5cm，再采用小型铣刨机铣平，尽可能用原有结构层相同规格、性质的沥青混凝土填补并压实。

4. 坑塘的传统热补维修：测定破坏部分的范围和深度，用直尺画出矩形（与中心线平行或垂直），再凿除到稳定部分，深度不小于 3cm，坑壁垂直。清除坑底后，在干净的坑底、坑壁薄洒一层黏结沥青，视坑塘深度，尽可能用与原有结构层相同规格、性质一样的沥青混凝土填补并压实，严禁压路机振动操作。

5. 坑塘冷补维修：道路平整无坑是道路养护的基本要求，

隧道是城市交通的主动脉，因此对其坑塘的维修必须及时。准备高质量的冷补沥青混凝土，确保道路补坑及时。

6. 与横截沟相邻处的裂缝维修：将缝隙清扫干净，并用压缩机吹去尘土，用热沥青或乳化沥青灌缝洒料法封堵，防止水分渗入。

第三节　渗漏水处理

一、管片

（一）隧道管片管缝堵漏的要求

隧道管片的渗漏直接影响工程寿命，且会引起沉降变形，影响正常的通车运行。因此必须做好技术方案，发现渗漏及时封堵，堵漏时须查清渗漏水的原因、流量、压力大小及分布规律，根据不同情况妥善处理。

（二）隧道管片管缝堵漏的方法

1. 查找漏点

较为严重的渗漏部位通常可以目测，对于细微不易查找的渗漏部位，可采用下列方法：

1）撒干水泥粉法；

2）涂刷胶浆法；

3）喷涂烘烤法；

4）毛笔、毛刷查漏法。

2. 堵漏的施工方法

1）凿缝开槽：沿漏水部位的缝两侧凿“V”字形缝，一般为 5cm×5cm，可根据漏水量大小及设计要求进行调整。

2）抽空内腔：在凿好的缝中用 16mm 塑料管边封堵边抽空，形成内腔并留出注浆“头子”。小病害可直接封堵，采用手推式方法，材料可采用防水浆拌和水泥（P·O 52.5），也可用双快水泥（快凝快硬水泥）。

3）嵌入膨胀条或胶：在槽内嵌入膨胀橡胶条时，槽应成矩形，采用的膨胀条尺寸一般为 20mm×40mm。

4）封堵：完成膨胀条嵌入工序后，需进行环缝的封堵，封堵的两侧应放宽 5～8cm，采用的材料为 SH 水泥或双快水泥。

5）注浆：根据现场情况，采用注浆泵，用软管连接注浆“头子”，然后注浆，另一个出浆口出浆时停止注浆，也可在压力升高时停止注浆。

注浆材料一般采用水溶性非易燃水溶性聚氨酯浆液。

二、变形缝

接缝、变形缝的长期渗漏，会影响隧道主体结构的稳定，易发生沉降变形，从而产生路面及车道板的错台。道路潮湿会影响车辆通行，因此必须及时堵漏。一般方法如下：

凿缝清槽，将漏水的接缝表面清理后，把缝内的嵌缝材料清理干净，根据缝隙的宽度选择合适的半圆形塑料管，设置注浆空腔。预处理并留出注浆管的“头子”，采用水溶性非易燃聚氨酯进行注浆，用手推或注浆泵。注浆止水后进行嵌缝处理，其材料可根据缝宽采用膨胀橡胶条嵌入，或用环氧聚酯弹性密封膏垫嵌，要求与缝隙内的混凝土面黏结好。

三、隧道井圈

隧道工作井与井圈渗漏会造成工作井的沉降，沉降后又会加剧渗漏，沉降量大会导致隧道车道的错台，影响车辆通行。因此必须及时做好堵漏工作。方法如下：

凿除渗漏部位的加强混凝土环部分，根据渗漏及加强混凝土环的实际情况，采用埋入或抽空方式设置注浆空腔。预处理并留出注浆管的“头子”，采用水溶性非易燃聚氨酯进行注浆，用手推或注浆泵方式施工，材料一般为防水水泥。

第四节　保　洁

一、主要保洁位置

1. 隧道范围内的道路路面。
2. 隧道范围内的侧壁及矮护墙。
3. 隧道过渡段的遮阳棚。
4. 隧道范围内的交通标志、标牌。
5. 横截沟、路边沟。
6. 污水泵、潜水泵。
7. 零星废弃物、突发散落物。
8. 管理房卫生。

二、保洁标准

1. 保持隧道和隧道区域干净、整洁和有序，不得有杂物碎片和各种招贴广告、海报。

2. 根据业主批准的计划表对隧道进行清洁工作，并随时听从业主的指示。

3. 对隧道区域内所有道路进行有计划的保洁工作：

1）每天至少清扫两次路面；

2）立即清除大块垃圾；

3）每天进行四次人工随清扫车打扫；

4）每年至少两次清洁、疏通排水系统，台风过后或必要时增加疏通频率；

5）一旦发现或被告知路面有碎片、危险垃圾、物品、油脂和油污，立即清除；

6）每两周清洁横截沟和边沟一次，及时清理堵塞的横截沟和边沟，清洁后上油以防蚊子繁殖；

7）每月清洁所有的交通标记、标志牌表面、路灯、安全栅栏、护墙、混凝土侧面等；

8）及时清理交通事故所造成的油污和碎片。

4. 按计划做好隧道清洁工作：

1）每天两次清空隧道区域内垃圾桶，每周一次或必要时清洗垃圾桶；

2）每月一次清洁污水泵；

3）每两周清洁一次侧壁。

5. 每年清洁两次隧道管道的供气、排气管道中的垃圾。

6. 每月清洁一次管理中心建筑和其他设施。

7. 每月清洁一次道路安全数据显示板和批准投放的广告牌。

三、隧道常规保洁要求及作业方式

（一）隧道路面

1. 隧道道路保洁要求

根据相关要求，对隧道区域内所有道路进行有计划的清扫，保持隧道区域干净、整洁和有序，不准有杂物碎片。

隧道道路保洁全部采取机械化操作的原则。路面保洁依靠机械清扫车进行，清扫作业应尽量避开交通高峰时段，可安排在0：00～5：00。为达到保洁应有的效果、质量，应安排一辆清扫车对每个车道进行清扫，作业时车速应控制在5～8km/h。

2. 隧道道路清扫计划与目标

1）每天至少安排两次机械清扫，对隧道区域内所有道路全覆盖，确保道路干净、整洁。

2）每周至少两次，雨后确保一次，机械清扫后，应用高压冲洗车对车道、车道靠结构侧边的灰尘、泥带进行冲洗，确保车道侧边无泥带和减少道路扬尘。

3. 作业安排

1）人员

（1）根据清扫计划，安排夜间作业的机械清扫和道路冲洗工作。

（2）进入隧道作业的操作人员应做到三证齐全（驾驶证、上岗操作证、安全证），着装规范（穿橘红色带有反光功能的工作装，头戴安全帽），佩带胸卡。

2）设备

（1）大型机械清扫车一辆、高压冲洗车一辆。

（2）所有作业车辆均配置GPS全球定位系统，以实现管理部门远程对作业道路、车速的监控管理。

3）作业方式

（1）机械清扫作业

①隧道道路保洁全部采取机械化操作方式。路面保洁依靠机械清扫车进行，由于白天隧道车流量大，白天作业安排在交

通低峰时段进行，另一次机械清扫保洁工作安排在夜间进行。为达到保洁应有的效果，作业时要求清扫车的车速控制在 5～8km/h。

②机械清扫作业路线。按照周边道路绘制清扫车作业路线图，清扫车严格按照既定路线进行清扫作业。

（2）机械冲洗作业

正常情况下，机械冲洗作业时间为每周三、周六 0：00～5：00，雨后和特殊情况另行安排。机械冲洗作业应沿着清扫车已清扫完成的线路进行，车速为 10～15km/h。严禁与机扫车在同一线路平行作业。

（3）突发保洁作业

交通事故后的残余物由白班人员在交警的指挥下进行清扫，残油引起的道路污染用高压泵冲洗清除，或用木屑、黄砂处理。

4）垃圾处理

所有机械清扫的垃圾全部运至废弃物专用处置点，实行无害化处置。

4. 作业管理

1）建立机械清扫作业管理制度。

2）对从业人员定期进行岗位培训，使从业人员掌握保洁质量和达标要求，明确各自的任务和责任。

3）配合远程监控，建立对现场清扫、冲洗作业质量巡检的考核办法，发现问题及时处理解决，确保作业质量。

4）定期听取业主、监管部门的意见，改进机械清扫、冲洗项目，对存在的问题及时整改，不断提高机械清扫、冲洗作业水平。

5）安全管理。加强机械车辆的定期保养、检查和使用管理，坚持操作人员持证上岗。所有车辆都配置闪光箭头指示器，确保安全作业。

（二）侧壁及防撞墙保洁

受通行车辆产生的烟雾、废气的污染影响，隧道侧壁表面会逐渐形成一层带有油污的浮灰，因此必须经常进行保洁。以杭州市庆春路隧道为例，庆春路隧道地位重要，故对环境要求很高，所以计划每两周对隧道的侧壁墙面清洗一次。为避让高峰，清洗工作安排在0：00～5：00，采取全封闭的方式。如遇特殊情况，应增加清洗次数。作业路线安排同清扫路线，按计划具体实施。

（三）光过渡段的遮阳棚

光过渡段的遮阳棚运行后会受到自然灰尘等的污染，长此以往会对隧道环境带来影响，有碍隧道的整体环境。因此，对光过渡段的遮阳棚要定期保洁，采取机械冲洗、人工吸尘和擦拭。计划按每两月一次进行保洁。

（四）交通标志、标牌及栏杆、安全栅栏

为保证交通标志、标牌的清晰、醒目和栏杆的清洁，计划每月一次对其进行清洗擦拭。选用中性清洗剂，保证这些设施不受腐蚀影响，并注意经常更换抹布等工具。

（五）横截沟、路边沟

横截沟是隧道的截水设施，路边沟是隧道的排水设施，横截沟和路边沟畅通与否直接影响隧道的运行，暴雨时影响更甚，因此要毫不懈怠地对待横截沟、路边沟的清泥工作。计划每两周一次对横截沟、路边沟进行人工清理，可结合其他养护工作一同作业，也可安排在0：00～5：00，采取全封闭的方式进行。

（六）零星废弃物、突发散落物、危险垃圾、油污、隧道区域的垃圾箱等其他零星保洁

零星废弃物、突发撒落物、危险垃圾、油污既影响隧道整洁，也会给隧道的运行带来不安全因素。因此，应专门安排保洁人员每天四次对隧道进行巡视检查零星废弃物，并对随机发现的突发散落物、危险垃圾、油污立即由能最快到达的保洁、巡逻、巡检等人员进行处理。对隧道区域的垃圾箱安排专职保洁人员每天上下午各一次进行清理，并完成隧道安全联络通道等其他零星保洁任务。

对于路肩上的杂物垃圾，每天人工去捡拾四次。

（七）排水沟渠

隧道内的排水沟渠同横截沟、路边沟一样，畅通与否也直接影响隧道的运行，是养护的要点。因此要组织养护人员每半年对下水道进行一次疏通，并对相关的窨井、进水口每月“清捞”一次。

（八）污水泵、潜水泵

隧道排水系统的污水泵、潜水泵承担了隧道内主要的排水工作，泵类设备的损坏直接威胁隧道的正常运行，因此必须保养并做好泵类设备及相关设施的清洁工作，隧道投入运行后，须安排养护人员每月清洁一次。

（九）管理用房

管理用房是隧道运行的指挥机构，除安全保卫工作至关重要外，环境卫生工作也不能忽视。以杭州市庆春路隧道为例，庆春路隧道技术先进，必定会有大量国内外技术专家前来交流，因此除日常的楼道、走廊等保洁外，还必须对管理大楼进行定期清洁。计划按每月一次对大楼的楼道玻璃、墙面、广场、绿地等进行循环保洁，化粪池清粪。

四、年度保洁计划、周期和频率（表 2-1）

表 2-1　保洁养护年度计划

序号	保洁养护内容	频率	时间安排
1	路面机械清洁	2 次/天	0：00～5：00
2	侧壁、防撞墙及路面清洗	1 次/2 周	0：00～5：00
3	光过渡段的遮阳棚	1 次/2 月	0：00～5：00
4	交通标志、标牌	1 次/月	0：00～5：00
5	横截沟、路边沟	1 次/月	0：00～5：00
6	零星废弃物	4 次/天	根据交通流量机动
7	撒落物、垃圾、油污	即时	随机
8	进水口	1 次/月	0：00～5：00
9	污水泵、潜水泵	1 次/月	机动
10	管理中心	1 次/月	机动

五、清洁工作的安全管理

隧道内的各类机械清洁，作业前后必须向控制中心报告，阶段性工作完毕、转换也应报告。

控制中心应配合做好信号的改变，通过情报板发布“隧道养护，车辆减速慢行，注意行车安全”的信息，提示过江车辆驾驶员安全行驶，同时全程监视保洁过程。

清扫车、侧壁清洗车等作业车辆均应备好灭火设备，进入隧道区域后开启示宽灯、警示灯牌。

作业人员必须穿好安全标识服，出车前需对车况和警示灯具进行检查，并做好记录。

作业人员应遵守交通法规和工作纪律，不得随意变道、调头、倒车。

第三章　机电系统日常养护维修

第一节　供配电设备的养护维修

一、一般要求

1. 管理的内容

1）故障应急处理：设备出现安全操作故障时，为不造成更大范围影响，由值班工作人员依照“先通后复”原则及有关规则暂作技术处理，并按手续报告需要专业维修人员处理的工作。

2）日常维修作业：设备日常运营期间发生故障时，专业维修人员接到报告之后进行的抢修工作。

3）巡视作业：观察设备（有代表性的）运营状态，与标准常态比较，及早发现异常运营状态。及时将故障解决于发生的初期，尽量避免故障后的维修工作。

4）计划维修作业：维修作业是一种主动的预防性维修，作业内容较巡视更深入。

5）设备运营记录：定期记录低压配电系统运营数据，用于必要的运营历史追溯、故障分析。

2. 管理人员的职责

供电系统是隧道机电设备的一部分，其日常操作、管理由工作人员负责，其设备维修由专业维修工班负责。技术人员负责制订各种作业计划，为专业维修工班提供技术支持。专业维修工班执行各种计划作业、故障抢修、临时任务并反馈各种作业情况。

变电所需配备专人值班，值班供电系统养护人员应持有特殊工种上岗证书，并配备专门的电工检修工具。值班人员应熟悉配电设备的现场分布、配置和性能，熟悉设备运营相关规程、电力安全工作规程等有关条文，了解有关电力工作的一般规章制度。

二、安全操作

1. 供配电系统在运营时，若发现保护动作跳闸、电容器断路器跳闸，在未查明原因前不得重新合闸运营，以保证设备及人身的安全。

2. 变压器、电容器等装置在运营中发生异常情况且不能排除时，应立即停止运营，及时切换，并立即报告主管部门。电容器在重新合闸前，必须使断路器断开，将电容器放电。自动空气开关或熔断器熔断时，应查明原因再进行恢复，必要时允许试送电一次。

3. 对于高压电气设备，应根据具体情况要求选用与设备状态相符的标志牌，并悬挂在适当位置。停电工作时，应在断开的分闸开关把柄上悬挂“有人工作，禁止合闸”的指示牌。

4. 严禁带电作业。如遇紧急情况须带电作业时，应有监护人和足够的照明，并应穿戴绝缘手套、工作帽、工作衣、绝缘鞋，确认安全后才可进行。电流互感器不得断路，电压互感器不得短路，不得带电用兆欧表测量绝缘电阻。

三、供电系统的巡查

1. 巡查方式

巡查以“望、闻、问、切、嗅”为主要手段，必要时使用仪器进行检查。

1）日常巡查：对供电系统运营状态进行感官判断检查，判断是否有异常现象，记录仪表技术参数，检查各柜面指示灯状态。

2）周期检查：对高、低压电气设备使用状况进行定期检查。

3）特殊检查：阴雨、潮湿、雷雨、高温、强冷空气入侵等气象及夜间闭灯的检查，应做好检查记录。

2. 注意事项

1）为确保维修人员安全，每组巡查人员应不少于 2 人。在隧道巡查时，应按有关规定办理工作票。

2）为确保运营安全，巡查中如需改变有关设备工作状态时，巡查人员应报告相关部门及相关人员。

3）巡查人员应按要求填写相应巡查记录。

3. 巡回检查制度

1）值班人员应按规定认真巡视检查设备，提高巡查水平，及时发现异常和缺陷，及时汇报调度和上级，杜绝事故发生。

2）变电站的设备巡视检查，一般分为正常巡查（含交接班巡视）、全面巡查、熄灯巡查和特殊巡查。

3）每周应全面巡查一次，内容主要是对设备全面的外部检查，对缺陷有无发展作出鉴定，检查设备的薄弱环节，检查防火、防小动物、防误闭锁等有无漏洞，检查接地网及引线是否完好。

4）每周应熄灯巡查一次，内容是检查设备有无电晕、放电，接头有无过热。

5）遇有以下情况，应进行特殊巡视：大风前后巡查；雷雨后的巡查；冰雪、冰雹、雾天的巡查；设备变动后巡查；设备新投入运营后的巡查；设备经过检修、改造或长期停运后重新投入系统运营后的巡查。

6）异常情况下的巡查主要是指：过负荷或负荷剧增、超温、设备发热、系统冲击、跳闸、有接地故障情况等，应加强巡视，必要时应派专人监视。

7）设备缺陷有发展时、法定节假日、上级通知有重要供电任务时，应加强巡查。

四、供电系统的维修

1. 供配电系统中高低压变配电设备应在每季度各进行一次停电、清扫、检修工作。每年必须对高压变配电设施进行预防性测试一次。

2. 供电线路的养护按照电力部门的有关规定进行。当供电线路存在异常情况时，采取措施并及时通知电力部门及主管部门。

3. 供配电系统需要进行带电作业时的项目，应使隧道内作业人员、变配电室操作人员、中心控制室操作人员相互协调、密切配合，并严格按电气操作规程的有关要求进行。

4. 安全作业注意事项：停电保洁时，拉合开关操作应符合倒闸操作顺序进行。在经过高压验电、放电，确认无误后方可进行作业。站内带电部分的电气设施，作业前应由作业负责人向作业人交底明确，并做好明显的隔离措施和悬挂标示牌。

5. 供配电设施维修主要项目及维护周期如表 3-1 所示。

表 3-1　供配电设施维修主要项目、维护周期

设施名称	维修与养护项目	主要检查内容	日常巡查周期	定期维护周期	预防性试验周期
高压断路器柜	断路器触头、真空泡	1. 触头有无烧损，接触是否紧密，动静触点中心是否相对。 2. 触头或真空泡是否损坏	每天	每年	每 2 年
	“五防”功能	1. 在断路器处于分闸位置时，手车能否抽出和插入。 2. 在手车处于不同位置时，一次、二次回路是否正常。 3. 断路器与接地开关的机械联锁是否正常。 4. 柜后的上、下门联锁是否正常。 5. 仪表板上带钥匙的控制开关是否正常		每半年	
	二次端子	端子有无污染、松动		每半年	
	线圈	线圈绝缘是否良好		每年	
	分合闸试验	1. 分、合闸能否正常进行。 2. 电磁式弹簧操动机构有无卡塞，是否正常	每次分、合闸		
	运营	1. 电气整定值是否满足电力系统要求。 2. 保护装置能否与中央信号系统协调配合	每天	每年	
高压互感器与避雷器柜	高压互感器	有否污染、裂痕，绝缘是否良好		每半年	每 2 年
	避雷器	1. 避雷器外观有无损伤。 2. 有无放电痕迹。 3. 接地装置有无腐蚀，接地电阻是否小于 10Ω。 4. 预防性试验是否合格	每天	每半年	每 2 年
高压计量柜	电流互感器	有无污染、损伤，绝缘是否良好	每天	每半年	每 2 年

续表

设施名称	维修与养护项目	主要检查内容	日常巡查周期	定期维护周期	预防性试验周期
隔离开关	触头	1. 有无污染、损伤。 2. 接触是否紧密。 3. 灭弧装置是否烧损		每半年	
	操动机构	1. 操动机构有无污染。 2. 有无卡塞，转动是否灵活	每次操作		每2年
	高压熔断器	1. 外观有无污染、烧伤痕迹。 2. 熔断丝是否熔断		每半年	
电力变压器	全部	1. 有无异常声响和过热。 2. 噪声是否符合要求。 3. 内部线圈直流电阻是否符合生产厂规定。 4. 内部相间、线间及对地绝缘是否符合要求。 5. 铭牌有无污染。 6. 绝缘套管有无污染及裂痕。 7. 接线端子有无污染、松动	每天	每半年	每2年
电力电容器柜	电力电容器	1. 外观有无污染、接头有无松动。 2. 有无漏油、过热、膨胀现象。 3. 绝缘是否正常，有无击穿现象	每天	每季度	
	接触器	1. 有无机械卡塞，噪声是否符合要求。 2. 线圈直流电阻是否符合生产厂家要求。 3. 触头有无烧损痕迹，闭合是否紧密，动静触头是否中心相对。 4. 能否正常动作。 5. 引线接头有无污染、松动		每季度	
	控制器	控制器能否正常工作		每季度	
	熔断器	1. 有无烧伤痕迹。 2. 电熔丝是否完好		每季度	
	仪表	1. 外表有无污染。 2. 仪表能否正常显示	每天		

续表

设施名称	维修与养护项目	主要检查内容	日常巡查周期	定期维护周期	预防性试验周期
低压开关柜	断路器	1. 外观有无污染、裂痕。 2. 触头有无烧伤，接触是否紧密。 3. 有无明显的噪声。 4. 脱扣器是否正常。 5. 绝缘是否良好。 6. 整定值能否满足系统保护要求。 7. 引线接头有无污染、松动	每天	每半年	
	接触器	1. 有无机械卡塞，噪声是否符合要求。 2. 线圈直流电阻是否符合生产厂家要求。 3. 触头有无烧损痕迹，闭合是否紧密，动静触头是否中心相对。 4. 能否正常动作。 5. 引线接头有无污染、松动		每半年	
	熔断器	1. 有无烧伤痕迹。 2. 电熔丝是否完好		每半年	
	热继电器	1. 继电器外壳是否清洁、完整、嵌接良好。 2. 外壳与底座接合是否紧密牢固，防尘密封是否良好，安装是否端正		每半年	
	互感器	1. 有无污染。 2. 绝缘是否良好。 3. 外部接线是否断开		每半年	
	二次回路及继电器	1. 端子排是否污染，接线是否松动。 2. 继电器检验参照继电器屏执行		每季度	
	转换开关	1. 转换开关是否清洁、完整、嵌接良好。 2. 外壳与底座接合是否紧密牢固、防尘密封是否良好、安装是否端正		每半年	

续表

设施名称	维修与养护项目	主要检查内容	日常巡查周期	定期维护周期	预防性试验周期
电力电缆	全部	1. 外表有无损伤。 2. 电缆线间、相间和对地绝缘是否正常。 3. 电缆工作温度是否正常。 4. 接头处是否正常，有无烧焦痕迹。 5. 电缆沟是否干净，有无杂物、垃圾，有无积水、积油，盖板是否完整		每季度	每 2 年
电缆托架及支架	全部	1. 外表有无变形、断开。 2. 有无腐蚀。 3. 接地是否良好		每年	
接地装置	全部	1. 有无腐蚀。 2. 接地电阻是否正常		每年	
变电所铁构件	全部	有无腐蚀		每年	
站内照明	全部	是否完好	每天		
通风设备	全部	1. 设备是否完好。 2. 通风是否畅通。 3. 控制是否可靠	每天	每季度	

第二节　机电给排水设备的养护与维修

一、一般要求

隧道排水系统设备主要由雨水泵、废水泵、液位控制装置及排水管路组成。

1. 用于排水设备的电源、电缆线路及控制装置元件应保证完好无损，对设备的现场控制、远程控制、自动控制的启动方式保证完好、可靠，以满足各种情况下的使用要求。

2. 电机的保护装置：短路保护、过载保护、接地保护动作保证可靠、实效。

3. 排水设备在隧道正常的情况下保证始终处于待机工作的状态，以满足隧道运营工况的需要。

4. 对排水设备的运营与维护建立日常巡视、定期维护工作制度，提高设备的运营能力和使用寿命。

5. 及时处理排水设备运营中出现的各类故障，保证设备高于完好率运营水平。

6. 常用水泵、备用水泵应定期轮换使用。

二、排水系统的管理

（一）管理内容

熟悉排水系统各设备的性能，了解其结构及工艺、运营环境等要求，掌握各设备的操作、保养、简单维修的技术，合理组织人员按维修、保养、操作规程、规则和手册进行操作和维护设备。按规定的周期，对设备进行不同方面的检查、检测，保证其能正常运营。通过对排水系统设备的操作、维护、保养和维修，使之能持续、高效地运营。

（二）管理的要求

1. 排水专业设备管理由排水技术管理人员和维修人员负责。

2. 维修人员负责做好日常巡视工作，并填写相应巡视记录，如遇故障必须及时处理和汇报。

3. 水泵房、雨水泵房为重点运营管理对象，按维修计划安排进行。

4. 牢记安全操作事项及用电安全。

5. 消防泵每三个月启泵一次。

6. 对于损坏、偷盗设备的情况必须向有关部门及时汇报。

7. 进入隧道巡视时须向值班调度申请，经批准后方可进场工作。

三、排水系统的维护

（一）维护检查的方式

1. 日常检查：检查排水泵的运营工作状态以及水泵固定完好情况。

2. 周期维护：对排水泵一般缺陷的维护，包括水泵保洁、固定机架的检查。

（二）维护管理人员的职责

排水技术和维修人员应按照年度工作计划对设备进行检查、保养和预防性维修，负责故障设备的修复处理。如遇突发性事件，应服从调度的指令，在抢险总指挥的指示下进行抢修。

（三）维护工作要求

1. 排水泵设施应按维护操作规程要求进行，并且主要性能指标，如扬程、密封、压力、功率，应符合产品说明书的技术要求。

2. 排水泵设施养护维修应配备专用的维护工具和机修工具，对潜水泵应进行密封压力检测。

3. 排水泵设施养护保养检修应安排在雨量较小的时段进行。

4. 排水泵设施的养护应在隧道交通流量较低时进行，并落实相应的安全作业措施。

5. 排水泵的设备完好率不应低于98%。

6. 排水泵设备维修与养护的检查内容及周期如表3-2所示。

表3-2 排水泵设备维修与养护检查内容及周期表

序号	主要检查内容	日常巡查周期	维护周期
1	检查排水泵运营工作状态（电压、电流）是否正常	每天	
2	观察水泵运转有无异常现象	每天	
3	观察排水是否畅通，消除异物	每天	
4	紧固泵体各部连接螺栓		每月
5	清除泵内垃圾及清洁泵体		每月
6	清除集水井垃圾、污泥		每季度
7	检查液位控制装置动作是否可靠		每月
8	检查电源控制器是否完好		每季度
9	检查电动机绝缘、接地电阻是否完好		每年
10	水泵解体维修		每三年

第三节 通风设备的养护与维修

通风系统主要由轴流风机、射流风机、维护风机以及消声器、机架等装置组成。

一、一般要求

1. 保证用于通风设备的电源、电缆线路及控制装置元件完好无损，保证设备的现场控制、远程控制、自动控制，启动方式完好，满足各种条件下使用要求。

2. 电动机的保护装置：短路保护，过载保护、接地保护动作应可靠灵敏。

3. 通风设备在正常的情况下，应始终保持待机工作状态，以满足隧道运营工况的需要。

4. 对通风设备运营与保养建立日常巡视、定期维护工作制度，保证设备的运营能力和使用寿命。

5. 及时排除通风设备运营中发生的各类故障，保证通风设备高于完好率运营水平。

二、通风系统的运营

隧道通风控制系统的控制对象为隧道内设置的风机。通过合理地控制风机的运转使隧道内 CO 浓度、烟尘浓度等被控制在允许的范围之内。鉴于风机设施能耗较高，应尽量减少风机的开启组数与时间，以节省设备投资与运营费用。在发生火灾时，应控制洞内空气流通，以便压制火势，尽快扑灭火灾，减少损失。通风控制系统提供手动和自动两种控制方式，但因其中的通风控制计算较为复杂，故应以手动方式为主。

城市隧道的通风设施应配合防灾设施进行每年不少于一次的模拟火灾情况下的通风及排烟演习。

三、通风设备的检修和维护

（一）维护检查的方式

1. 日常巡查：检查风机运营状态、射流风机固定完好情况。

2. 周期维护：对风机存在一般缺陷的维护，包括外观保洁、机架固定检查。

（二）巡查的要求

1. 为确保人员安全，每组巡查人员应不少于 2 人。在隧道巡查时，应按有关规定办理作业令。所有作业均应遵守维修生产作业程序，办理清点、消点手续。

2. 巡查中需改变有关设备工作状态时，巡查人员应告知相关值班调度。

3. 巡查人员应填写相应巡查记录。

（三）维修管理人员的职责

由于通风系统的设备使用场合不同，要维修的设备较多、较为分散，而且受正常交通限制，必须服从调度的统一安排，遵章办理一切必要的作业手续，确保运营安全。维修计划由专业技术人员根据通风系统的构成、运营和使用点等因素制订，由专业维修工班的维修人员执行。执行过程包含作业前手续办理、维修作业、作业内容的记录、作业过程发现的异常问题反馈等内容。

（四）维护工作要求

1. 风机在处于极限运营能力的紧急运营后，必须检查所有部件，电机轴承及所有润滑脂必须更换。

2. 通风设施维护应按各种设备的操作规程和养护要求进行，并使主要性能指标，如风速、推力、功率、噪声及防护等级等，符合产品说明书的要求。

3. 进行通风设施养护时，应根据隧道交通流量与通风能力，对交通进行必要的组织和管制。通风设施养护应配备专用电工工具和机修工具，必要时配备风压计、风速计、声级计等。隧道内消声设备应每年维修一次，应保持完好、有效。

4. 在进行定期检修和大修后，应对隧道通风设施的效率进行全面的测试。并应使其通风能力满足下列要求：

1）隧道内 CO 允许浓度满足设计要求。

2）隧道烟雾允许浓度满足设计要求。

5. 更换风机的叶片必须请制造厂家或有经验的专家进行，以免破坏动平衡。

6. 通风设施的检修、维护的周期和要求按表 3-3 执行。

表 3-3　通风设施检查内容及周期

设施名称	序号	主要巡视、检查的项目及工作内容	日常巡查周期	维护周期	分解性保养周期
轴流风机	1	运转状态有无异响和异常振动			三年一次
	2	各计量仪器、仪表读数是否正确	每天		
	3	基础螺栓及连接螺栓的状态有无异常		半年一次	
	4	轴承温度、油温、油压有无异常		半年一次	
	5	振动测试有无异常		半年一次	
	6	与监控测试联动试验		半年一次	
	7	叶片安装状态检查		半年一次	
	8	电动机运转中有无异响、振动、过热		半年一次	
	9	连接部的工作状态是否正常		半年一次	
	10	绝缘测试、电流平衡测试、接地电阻测试		半年一次	
	11	清扫消声器内壁灰尘		半年一次	
	12	噪声检测		一年一次	
	13	吸声材料检查与变质材料更换		一年一次	
	14	仪表的检查、校正和更换		一年一次	
	15	组装、检查后的试运转及风速、推动测试			三年一次

续表

设施名称	序号	主要巡视、检查的项目及工作内容	日常巡查周期	维护周期	分解性保养周期
射流风机	16	风机运转过程中有无异响	每天		
	17	风机运转时电流值是否在额定值内	每天		
	18	风机反转是否正常		季度一次	
	19	有无松动、腐蚀现象		季度一次	
	20	叶片有无损伤与裂纹，叶片是否清洁		季度一次	
	21	叶片与机壳有无摩擦		半年一次	
	22	叶片涂装有无剥离		半年一次	
射流风机	23	转动轴有无振动、异响、过热		半年一次	
	24	润滑油的检查、更换及轴承清洗			三年一次
	25	电机的拆卸检查、轴承清洗与油脂更换			三年一次
	26	防护情况检查		一年一次	
	27	绝缘测试		一年一次	
	28	三相电流平衡试验		一年一次	
	29	运营中的电动机温升是否正常		一年一次	
	30	拆卸组装后的风速及推力测试			三年一次

第四节　照明设备的养护与维修

一、隧道照明设施分类

1. 按用途可分基本照明、加强照明、应急照明、引导照明和应急诱导照明。

2. 按灯光源可分金卤灯、钠灯和荧光灯等。

3. 按安装方式可分立杆安装、顶壁嵌入安装和挂壁安装。

4. 按启动（关闭）方式可分现场手动控制、远程界面点击控制和定时自动控制。

5. 按电源性质可分交流电源、直流电源（部分）

6. 按保护方式可分失电自动切换保护、短路保护和接地保护。

7. 按使用要求可分全天候使用、夜间使用（节能控制）。

二、一般要求

1. 提高供配电系统的运营管理水平，保证稳定的电能质量，确保照明灯光源处于正常的运营状况。

2. 制定照明设施维护管理制度，明确维护工作内容，加强对照明设施的日常巡查工作，及时排除严重故障，提高照明系统运营水平。

3. 按时落实对控制装置周期性检查工作，定期试验手动控制、远程控制以及自动切换控制，保证各种控制装置的可靠性。

4. 按时落实灯具定期维护保养工作，保证照明灯具光照亮度，检查灯具固定附件完好情况，及时处理各类隐患。

5. 保证隧道道路照明完好率大于 99%，落实“即黑即换、未黑先换”的原则，确保灯具完好。

6. 保证应急诱导照明完好率在 99%及以上。

7. 对照明系统开关、接触器电源线路、分路控制箱电器、二次回路及电器、灯具固定结构的故障及时组织检修，保证设施正常运营。

8. 隧道各区段路面亮度标准按照原设计标准执行，若各区段检测亮度明显低于设计标准的灯光源，要对投光罩面进行维护或更换灯光源。

三、照明系统的维护和检查

(一) 维护和检查的方式

1. 日常巡查：对隧道照明、应急诱导照明的检查，记录检查情况。

2. 周期检查：对各类照明的电源设备电缆线路控制装置的定期检查，处理缺陷，做好检修记录。

(二) 巡查人员的要求

1. 做好对自动控制灯类和非自动控制灯类的日常巡查检修。做好重大国事、外事和节日前的巡查检修工作。

2. 巡查过程中，巡视人员须认真、仔细、全面。

3. 巡查人员每天巡查 1～2 次，每次巡查都应进行详细的记录。

发现设备故障须立即通报相关维修人员进行故障维修。

(三) 照明系统的维修

1. 维修作业管理。照明设备的维修作业，由于涉及交通运营，因此需要进行规范管理。照明设施检查养护期间应有相应的安全措施，其中施工进场作业令制度和请点销点制度是维修作业的两种主要管理手段。

2. 维修安全管理。照明系统维修员工应严格进行岗前和定期的安全教育和专业技能培训，安全教育和专业技能培训合格者方可进行本专业的维修工作。维修过程中，必须严格执行相关的安全操作规程，遵守国家、公司有关的安全规章制度。照明系统的维修安全管理除要遵循交通通用安全制度外，由于涉及高空作业，还需遵循高空作业安全的有关规定。

1）高空作业前必须检查安全带是否牢固、可靠，高空作业时必须自始至终都系好安全带，安全带的吊绳不允许勾挂在可移动的物体上。高空作业时脚要踩在牢固的物体上，手要扶好或抓好牢固的物体。

2）参加高空作业的所有人员都应戴好安全帽，穿好棉质工作服，并配备好电工带或工具包，尽量避免高空传递物品。必须高空传递物体时，严禁上下抛掷，应用绳子吊传，绳子不能拴在身上或安全带上。

3）严格按照升降设备的操作规程进行操作，应小心使用测试杆和拆卸杆，每次使用完应马上收好，以免折坏。

3. 保养和维修要求。

1）经常擦拭、保养灯具。灯光损坏应尽快修复，确保亮灯率。照明光源达到其额定寿命的 90％时应进行成批更换。

2）不得随意改变灯具类型、功率和控制方式。在低压控制电路，更换短路保护和过载保护元件时应注意整定值匹配。重大国事、外事、节日应提前做好维护工作。

3）照明设施养护工具除必备的电工工具、高空作业车、清洁卫生用具外，应配备照度仪等相关设备。

4）照明设施的经常性检修与定期检修的主要项目、周期和要求按表 3-4 执行。

表 3-4　照明设施检查主要项目及周期

设施名称	序号	主要巡视、检查的项目及工作内容	日常巡查周期	维护周期
隧道灯具	1	目测电压是否稳定，运营是否正常	每天	
	2	灯泡的损坏与更换		每月二次
	3	灯具的清洁是否到位		每半年一次
	4	照明控制箱是否完好		每季度一次
	5	开关装置定时的准确性与动作状态有无异常	每天	
	6	脱漆部位补漆及灯具修理更换		每半年一次
	7	补偿电容器、触发器、镇流器、金属器是否损坏		每月二次
	8	对地绝缘检查		每半年一次
	9	有无松动、腐蚀		每半年一次
	10	灯具内是否有尘埃、积水，密封条是否老化		每半年一次
	11	有无积水		每季度一次
	12	清洁后进行照度测试，是否满足设计指标		每季度一次
标志及信号灯	13	指示灯的损坏与更换		每月二次
	14	灯具的清洁与维护		每季度一次
	15	灯的亮度是否正常		每季度一次
	16	设置状态是否有误	每天	

续表

设施名称	序号	主要巡视、检查的项目及工作内容	日常巡查周期	维护周期
洞外路灯	17	外观有无裂纹，焊接及连接部位状况检查		一年一次
	18	有无损伤及涂装破坏		
	19	接地端子有无松动		
	20	设置状况是否稳定		一年一次
	21	有无开裂、损伤		
	22	锚具、螺栓有无生锈、松动		一年一次
	23	有无损坏，亮度目测是否正常		每季度一次
	24	灯具的清洁是否到位		
照度计	25	动作状态是否有误		每半年一次
	26	感光部的清洁维护是否到位		
	27	安装是否松动等		
	28	光度计校正		
照明线路	29	回路工作是否正常		一年一次
	30	有无腐蚀及损伤		
	31	托架是否松动及损伤		

第五节　消防火灾报警系统的养护与维修

消防设施主要包括结合器、消火栓泵、喷雾泵、消火栓、喷雾装置、电动阀、手动阀、消防监控装置、自动控制装置以及其他救援设施等。

一、一般要求

用于消防系统的电源（常用、备用）及电缆线路控制装置应保证可靠与完好，满足意外情况发生时的使用要求。消火栓、喷雾泵在正常的情况下（包括备用泵）应始终保持待机的工作状态，以满足隧道运营工况的需要。消防监控、自动控制等装置应正确、灵敏、可靠。保证消火栓、水喷雾装置完好，水阀应处于开启状态。救援设施均应保持完好。应建立消防设施维护与保养的日常巡视、周期维护工作制度，保证设施始终处于完好的投运状态。

二、消防设备的维护

1. 维护检查的方式。

1）日常巡查：对供电及控制箱消防设备、消火栓（箱）和救援设备的状况进行巡查。

2）周期维护：对消防设施、控制装置的有效性、可靠性进行检查、试验。

2. 巡查的要求。消防值班人员负责巡查消防系统设备的工作；巡查时至少保证有消防值班人员在消防控制室值班；巡查过程中，巡查人员须认真、仔细、全面，及时发现问题所在；巡查人员每天巡视1～2次，每次巡查都应进行详细的记录；发现设备故障须立即通报相关维修人员进行故障维修；若发现有人为破坏消防设备，须立即制止。

3. 维护的内容。消防系统设备的维护、巡查工作，根据工作内容的不同可分为日常保养（一级保养）、二级保养、小修（三级保养）、中修（四级保养）。

1）日常保养工作内容。消防系统的日常保养工作主要有设备的外观检查、设备的清洁和设备的运营状态检查等，目的是保持系统的工作环境和及时发现系统的异常情况。

2）二级保养工作内容。消防系统的二级保养工作除了日常保养的内容之外，还应有设备的功能测试、设备的线路检查等，目的是测试系统的功能是否符合要求。

3）小修。消防系统的小修工作除了二级保养的内容外，还应有设备的机械特性与电气特性测试、设备零部件的保养或更换等，目的是确保系统的可靠性。

4）中修。消防系统的中修工作除了全部小修内容之外，还应对现场设备进行全面分解、整修、补强、调整或更换，以及对现场设备进行全面测试，目的是保证设备的机械特性与电气特性达到原设计的技术标准与要求。

4. 维护保养的周期和要求

消防与救援设施经常性检修、定期检修周期和要求如表 3-5 所示。

表 3-5　消防设施与救援设施检查内容及周期

设施名称	序号	主要巡视、检查的项目及工作内容	日常检查周期	周期维护
泵房设备	1	常用（备用）电源供电是否正常	每天	
	2	消火栓泵、喷淋泵有无渗漏水	每天	
	3	管路、水阀有无渗漏水	每天	
	4	各水压表指示值是否正常	每天	
	5	排水泵积液位控制是否完好		每月一次
	6	电源控制装置是否完好、可靠		每季度一次
	7	电动机绝缘、接地电阻测试		每年一次
救援设施	8	消火栓外壳是否完好	每天	
	9	消火栓水阀是否完好		每季度一次
	10	水喷雾装置是否完好		每季度一次
	11	消火栓、水喷雾管路是否完好		每季度一次
	12	通道指示装置是否完好	每天	

续表

设施名称	序号	主要巡视、检查的项目及工作内容	日常检查周期	周期维护
消防监控控制	13	报警装置工作状态是否正常	每天	
	14	烟雾传感器是否完好、清洁		每月一次
	15	系统控制是否可靠、灵敏		每半年一次
	16	系统可靠性试运营		每半年一次

第六节　监控设备的养护维修

一、外场摄像设备功能要求

1. 保证外场摄像头及控制箱体的稳固性，防水、防振动、防干扰的能力正常。

2. 保证外场摄像头的摄像功能正常：

检查方法：

1）检查全方位摄像机云台转动的转角是否达到设计要求，一般水平转角不应低于 340°，垂直转角在＋15°～－60°之间。云台转动精度是否达到要求，最小转动角度在 5°以内；

2）摄像头聚焦、变焦功能，低照度情况下的摄像功能应正常；

3）摄像头的可视视距，追踪运动车辆的转动速度、聚焦速度应达到设计要求；

4）供电开关电源的供电电压正常。

二、控制中心功能完好性

1. 控制中心图像的远程控制功能、键盘控制摄像头转动功能、键盘控制摄像头变聚焦功能正常。

2. 控制中心内监视器图像质量应达到设计要求。图像质量不低于四级，灰度不低于八级。

3. DLP 投影屏显示质量，显示分辨率、显示亮度应达到 DLP 设计要求。

4. 保证数字硬盘录像机录、回放功能正常，保证存储容量足够，回放视频清晰。

5. 检查视频切换功能，保证用键盘能快速切换视频监控程序。

6. 检查视频设备与其他设备（紧急电话报警功能等）联动是否正常。

三、具体检查内容及周期、方法要求（表 3-6）

表 3-6　监控设备检查内容、周期及方法

序号	检查内容	周期	常规方法
1	外场设备、摄像机罩壳密闭性检查及清洁除尘	每月	现场保养
2	检查摄像机云台转动功能，要求定位精度小于 5°	每季度	现场试验观察
3	摄像机聚焦、变焦检查	每季度	观察，变焦时间不应大于 6.5 秒
4	摄像机可观察视距检查	每季度	观察
5	测试视频切换与画面分割功能	每季度	所有摄像头都应能快速切换并在监视器上形成组合画面
6	DLP 图像清晰度、亮度检查	每年	清晰度、亮度应符合设备技术参数说明

续表

序号	检查内容	周期	常规方法
7	监视器画面灰度检查，要求灰度不低于八级	每年	对比灰度卡
8	硬盘录像机录像功能检查，回放已录内容，并检查画面清晰度	每周	观察回放画面
9	测试与紧急电话接警等其他设备联动的能力	每月	模拟接警测试
10	测试视频光端机发送功率	每年	使用光功率计，比较是否达到设计要求
11	室内监视器、录像机设备清洁是否到位	每月	人工擦拭

第七节　公共广播及紧急电话设备的养护维修

一、主要养护维修要求

1. 定期检查系统主要设备工作状态是否完好。包括广播发射机、广播呼叫站、录放卡座、扩声功放、倒备监听开机装置。

2. 检查号角扬声器工作电压、工作电流是否符合要求。

3. 检查扩声广播的声音是否清晰、不失真、无杂声。

4. 检查主要扩声设备，如扩声功放输出功率是否符合设计要求。

5. 检查功放设备接地是否良好，检查屏蔽信号线接地是否良好。

6. 检查广播监控功控机工作情况是否良好。

二、具体检查内容及频率周期、方法要求（表 3-7）

表 3-7　公共广播及紧急电话设备主要检查内容、周期及方法

序号	检查内容	周期	常规方法
1	检查广播发射机、各类功放等设备工作状况	每月	检查工作状态指示灯，工作电压，辅助供电、散热措施
2	检查广播声源工作状态	每月	测试话筒、FM 调谐广播质量
3	检查隧道内广播距离及清晰度是否达到设计要求	每季	使用“汉语清晰度测验记录表”中单词测试
4	检查扩声功放输出功率是否达到工作要求	每季	使用示波器，功率计检查
5	检查扬声器馈电电流及扩声失真度是否达到设计要求	每年	使用失真度检测仪检查

第八节　中央控制系统的养护维修

一、主要维护要求

（一）算机硬件系统工作状况良好

1. 计算机板卡、端口接插件连接紧固。

2. 计算机及相关设备工作电压、辅助供电设施正常。

3. 网络交换机设备工作正常，排线规范，链路通畅。

（二）服务器、通信机和网管机工作状况良好

1. 主服务器及其运营的服务器工作状况正常，磁盘镜像功能正常，与备用服务器热切换功能正常。

2. 通信客户机及其运行的通信服务程序工作状况正常，通信机与其他客户机通信正常。

3. 网管机工作状况正常，对交换机的监控正常。

(三) 监控系统软件工作状况良好

1. 各客户机的监控软件功能正常，能按设计要求运营。

包括：通讯服务程序、数据库程序和客户应用操作程序运营是否正常，功能实现是否达到设计要求：

1）通信机采样时间可调，正常情况下时间 sec 数（正割函数）符合设计要求；

2）客户机能正确、迅速显示交通流量、CO-VI 检测仪值的变化；

3）客户机自检程序正常，能正确、迅速显示外场设备的故障状态。

2. 各计算机的运营速度正常，CPU 占有率、内存资源占有率和网络带宽占有率均在正常范围内。

(四) 中央监控局域网系统安全

1. 网内客户机登录、操作需要用户名、密码。不同权限用户严格区分，使用不同的用户登录方式；

2. 微机局域网入口访问操作严格受限，并处于防火墙后，禁止未授权的网络连接；

3. 密切监视微机局域网工作情况，监视有无异常；

4. 严格按照规程进行病毒防治，定期查杀。

(五) 综合显示屏功能正常

1. 显示控制部分能正确显示各类监控数据，如设备状态信息、交通流量数据等。

2. 显示屏 LED 显示管功能正常，无暗点、无缺色。

3. 投影屏 DLP 显示清晰，显示亮度足够，画面分割功能正常。

二、具体检查内容及周期、方法要求（表 3-8）

表 3-8　中央控制系统检查内容、周期及方法

序号	检查内容	周期	常规方法
1	柜内设备及板卡检查、清洁	每月	检查时保证良好接地，防止静电对设备造成伤害
2	服务器性能检查，运营速度、CPU 占用率和资源占用率检查	每周	通过系统任务管理工具检查
3	检查网管工作站，判断网络互连功能正常与否，网段内是否有拥塞。	每周	通过网管监测软件检查
4	检查综合显示屏 LED 显示有无暗点、缺损	每季度	观察
5	检查综合显示屏显示数据是否正确，刷新是否及时，数据显示、刷新和客户机是否同步	每月	观察
6	各工作站工作情况检查，包括软件运营速度、指令响应情况	每月	观察
7	重要设备电源部分电压、电流情况检查	每季度	万用表测量
8	风扇等散热辅助设备检查	每季度	用测温计检测风扇箱体内的温度
9	各微机运营时的病毒防治及异常进程检查	每月	用专用杀毒软件查杀
10	各类报表打印功能检查	每日	检查打印结果
11	监控局域网网内时钟是否同步	每月	与标准时钟对比
12	中控室主要设备联合接地电阻测试	每年	用接地电阻仪测试

第九节　交通检测系统维护保养

一、车辆检测系统

（一）主要维护保养要求

1. 检查外场流量检测、采集设备工作正常。

1）外场箱体防水、防尘、防振动性能可靠；

2）行车过程中，检测器采集箱工作状态指示灯显示正常；

3）车检器感应线圈电感量达到设计要求；

4）采集箱供电电压、电流正常；

5）传输链路工作正常，光端机工作正常。

2. 检查各车辆检测器的流量误差，检测误差应小于±2％，车速检测误差应小于±5％。

3. 中控客户机流量检测功能正常。

1）流量检测界面及时、正确显示各车检器的流量、车速数值，采样周期与设计要求相符；

2）可进行远程自检，各项自检参数均正常。

（二）具体检查内容及周期、方法要求（表 3-9）

表 3-9　交通检测系统检查内容、周期及方法

序号	检查内容	周期	常规方法
1	外场检测采集箱体是否密闭、是否渗水	每月	现场检查
2	车检器故障指示灯有无异常。车辆通行时，工作指示灯状态是否正常	每周	观察，与标准状态对比
3	远程测试线圈电感量是否正常	每季度	用专用检测程序，并与标准值对比

续表

序号	检查内容	周期	常规方法
4	对比出口流量和入口流量，判断检测误差是否在设计许可范围内（2%）	每月	计算
5	远程车检器自检测试，记录各项指标是否正常	每月	使用专用检测程序
6	车检器采集控制箱接地电阻测试	每年	使用接地电阻测试仪
7	工作电压是否正常	每季度	使用万用表

二、情报板及超高检测器系统

（一）主要维护保养要求

1. 情报板、限速板的显示屏及立柱稳固、无“抖晃”。超高检测器立柱、支架稳固，无“抖晃”，显示屏及控制箱体防尘防水效果可靠。

2. 情报板、限速板显示内容、功能正常。

1）LED信息显示屏发光亮度符合设计标准，并可自动调节亮度；

2）情报板LED显示无闪烁，像素管无暗点；

3）情报板、限速板可视距离、可视角度达到设计要求；

4）情报板、限速板显示内容或数值正确。

3. 情报板远程自检功能正常，能快速接收控制命令，对命令的响应时间不大于5秒。

4. 超高检测器发射及接收端保持清洁无污，检测器控制箱体工作电压达到要求，超高检测器发送、接收探头轴线偏移在设计许可范围内，超高检测器的响应时间、检测灵敏度应达到设计要求。

（二）具体检查内容及周期、方法要求（表 3-10）

表 3-10　情报板及超高检测器检查主要内容、周期及方法

序号	检查内容	周期	常规方法
1	情报板、超高检测器外场箱体是否紧固，有无受潮	每月	现场检查
2	情报板命令发送测试、自检测试，观察各项指标是否正常	每月	用专用自检程序检查
3	检查外场 LED 显示屏是否有屏闪、暗点	每季度	观察
4	观察外场 LED 显示屏光控功能是否正常	每季度	观察
5	检查情报板应急播放内容功能是否正常	每年	模拟试验
6	检查超高检测器发射和受光部光轴是否对齐，是否有污损	每月	现场检测
7	观察超高检测器对车辆检测的响应时间是否符合设计要求	每季度	模拟试验
8	观察超高检测器的灵敏度是否达到设计要求	每年	现场调试
9	检查超高报警器的报警信号功能是否正常	每月	模拟报警

第十节　通信系统维护保养

一、紧急电话系统

（一）主要维护保养要求

1. 清洁外场紧急电话分机，保证分机箱体标志醒目。

2. 外场分机防尘、防水性能符合相关要求。

3. 检查分机工作电压是否正常，电压、电流值与产品技术标准相符。

4. 紧急电话操作台分机摘机、挂机信号正常。

5. 紧急电话分机通话质量良好。

6. 通话录音设备录音、回放功能正常。

(二)具体检查内容及周期、方法要求(表 3-11)

表 3-11　紧急电话系统检查内容、周期及方法

序号	检查内容	周期	常规方法
1	程控交换机工作电压是否正常	每季度	使用万用表
2	交换机工作状态指示灯检查，网管机工作状态检查	每季度	观察
3	业务电话中继呼叫，本局呼叫测试	每月	中继线 100%检查，并呼叫重要特服号，本局呼叫抽测
4	非话音业务功能测试(传真、拨号上网等)	每月	抽测
5	新业务功能测试(呼叫转移、三方通话等)	每月	抽测
6	主要设备和各终端设备清扫除尘	每月	人工擦拭
7	对比电信出账单，检查交换机计费功能是否正常	每月	人工对比
8	紧急电话分机自检功能是否正常	每季度	使用专用检测程序
9	紧急电话分机清洁、外观质量检查	每月	现场试机
10	紧急电话工作电压测试	每季度	使用万用表
11	测试紧急电话摘机、挂机功能及信号显示是否正常	每月	观察
12	紧急电话分机与中控通话质量是否良好	每月	通话试验
13	检查紧急电话录音、回放质量	每月	回放并与标准录音对比

二、无线通信系统

（一）主要维护保养要求

1. 检查各无线直放站工作状态，确保各项技术指标符合设备技术标准及设计要求。

2. 定期清洁基地台、手持台，确保天线接合部紧固、受话部无污损。

3. 确保泄漏电缆的特性指标符合电缆型号规定。包括电缆直流情况下电阻阻值、绝缘电阻阻值；交流情况下阻抗、衰减特性。

4. 检查基地台与手持台通话质量，确保通话清晰。

5. 车载台与业务电话通话均应能快速接续且通话清晰。

6. 检查基地台、手持台发射功率、接收灵敏度，确保符合设备说明书规定。

（二）具体检查内容及周期、方法要求（表 3-12）

表 3-12　无线通信系统检查内容、周期及方法

序号	检查内容	周期	常规方法
1	检查基地站、分基站等各类设备工作状况。检查工作状态指示灯，工作电压，辅助供电、散热措施	每月	仪器测试
2	检查基地台、手持台发射功率	每年	使用功率计测试
3	检查基地台、手持台接收灵敏度	每年	仪器测试
4	测试基地台、手持台通话清晰度	每月	仪器测试
5	检查泄漏电缆直流、交流指标	每年	使用直流电桥、绝缘电阻仪抽测 15%

三、传输通信系统

（一）主要维护保养要求

1. 定期检查传输系统骨干交换、传输设备，观察工作指示灯，确定主要交换设备工作正常。

2. 定期观察网络关机界面，分析网络参数和故障信息，确定主要链路工作正常。

3. 对光纤链路定期使用专用设备检测其全程衰减参数，保证光纤传输部分工作正常。

4. 对屏蔽双绞线链路定期使用专用检测设备检测网络参数，保证电缆传输部分工作正常。

5. 定期检查其他底层交换机、光端机，检查其工作状态指示灯，确定设备工作正常。

（二）具体检查及周期、方法要求（表 3-13）

表 3-13　传输通信系统检查主要项目、周期及方法

序号	检查项目	周期	常规方法
1	骨干交换、传输设备工作状态检查	每月	观察设备状态指示灯
2	观察网管机显示网络参数，检查是否有异常值	每天	观察
3	光缆接头衰减、全程衰减测试	每年	使用 OTDR 抽测全系统 15%光缆接头
4	屏蔽双绞线参数测试	每年	使用网络测试仪
5	电缆绝缘电阻	每年	绝缘电阻仪抽测 15%
6	电缆直流电阻	每年	用直流电桥法抽测 15%
7	电缆屏蔽接地	每年	接地电阻仪抽测 15%

第十一节　电力监控系统维护保养

一、主要维护保养要求

1. 各节点PLC控制器工作正常，RTU设备工作正常、稳定。

2. 现场控制总线接馈完好，供电正常。

3. 控制中心的远程控制功能正常，远程监控正常，远控读数与现场巡检人员核对正确。

4. 远程控制设备启动、停止的功能完好。

二、具体检查内容及周期、方法要求（表3-14）

表3-14　电力监控系统检查主要内容、周期及方法

序号	检查内容	周期	常规方法
1	通过检测程序检查监控各节点PLC控制器工作状态是否正常	每月	通过专用程序
2	现场观察PLC控制器、RTU设备等的故障指示灯、状态指示灯是否正常	每月	观察
3	对比中控室内的远程监测读数与现场读数，看是否相同并正确	每周	观察并记录
4	试验PLC子系统的自动控制功能，测试PLC控制器的远程控制能力	每季度	测试PLC控制器的远程控制能力
5	试验PLC子系统的手动控制功能，测试PLC控制器的人工控制能力	每季度	测试PLC控制器的人工控制能力
6	试验PLC子系统在通信链路损坏情况下，应急运营功能是否正常	每年	模拟试验
7	检查外场PLC控制柜供电、辅助通风功能是否正常	每季度	现场检查

第十二节　火灾报警系统维护保养

一、主要维护保养要求

1. 各烟感探测器工作正常，区域显示盘读数正常。
2. 软件监控界面数值显示正常。
3. 火灾报警与其他设备如通风、喷淋系统联动功能正常。

二、具体检查内容（表 3-15）

表 3-15　火灾报警系统检查内容、周期及方法

序号	检查内容	周期	常规方法
1	对比区域显示盘与中控软件界面读数是否一致、正确	每月	观察并记录
2	模拟测试火灾报警与通风、喷淋设备的联动功能，检查工作是否正常	每月	模拟报警情况
3	检查烟感探测器表面是否有污损	每月	及时清理污损
4	检测光纤链路，检查光端机状态指示灯是否正常，光链路衰减是否达到设计要求	每年	手动测试
5	模拟局部报警（抽测），检查报警功能是否正常	每季度	模拟试验

第四章　突发事件处置方案

第一节　紧急情况疏散和联络处置程序（以杭州市庆春路过江隧道为例）

一、应急疏散对象

应急疏散对象为在庆春路过江隧道内过往车辆和乘客。

二、疏散区域

隧道洞口（必要时根据市府统一安排关闭隧道防护门）、联络通道、逃生通道。

三、疏散线路

车辆：驶离庆春路过江隧道。

人员：根据实际情况跟随车辆离开隧道或从逃生通道行至江南、江北工作井离开隧道。

第二节　交通事故抢险应急处置方案

一、目的

在隧道内发生车辆抛锚事故时，为了保证牵引信息及时传递、牵引工作得到及时、全面和全过程的监控，全面快速做好牵引排堵工作，提高隧道牵引效率，确保隧道安全畅通，特制订本应急专案。

二、牵引排堵的组织机构及信息网络

1. 牵引排堵领导小组由公司总经理负责，各有关责任人参加。

2. 以运营管理部为主体结合道口交警、设施管理员组成牵引排堵工作小组。

3. 牵引排堵工作小组由总值班长负责，运营管理部经理负责对本预案进行逐步优化。

4. 运营管理部牵引主管负责对道口牵引排堵员进行培训，收集各种常见车辆抛锚情况，制订牵引方案。

5. 各当班中控监控员负责对隧道内车辆行车情况的监视。

6. 在牵引排堵领导小组领导下，建立以中控室为核心的信息网络。

工作小组设置方案见图 4-1。

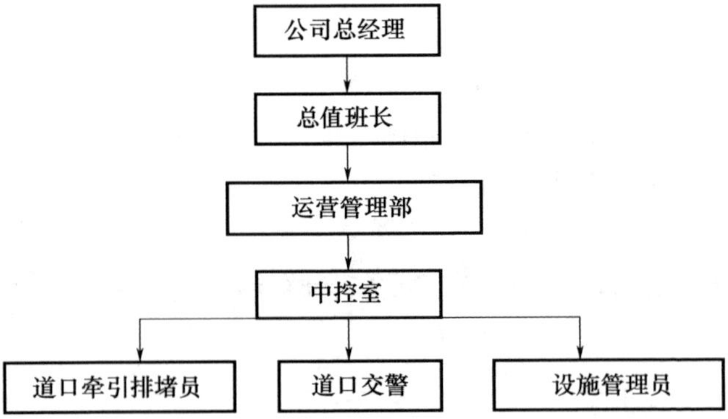

图 4-1 工作小组设置方案

7. 牵引排堵工作分工

1）监控员进行交通监控，通过闭路电视不间断监视车道内行车情况和环境，及时发现车道内的行车异常、阻塞现象，传递车辆抛锚、事故信息并做好协调工作。

2）道口牵引排堵员负责做好各项牵引排堵工作。

三、车辆抛锚、事故处理程序

1. 发现隧道出现车辆抛锚、交通事故时，监控员应做好下列工作：

1）接收车辆抛锚、事故信息

获悉车辆抛锚、事故信息后，将抛锚点或事故点画面切至主监视器，确认获悉的信息准确后，立即通知牵引排堵员赶赴现场清障施救，报告车型及抛锚事故点位置。同时报告江干区公安局 122 指挥中心。

2）控制车道灯：单车道阻塞时，对该堵塞车道变换交通指示灯为红色禁行，对通行车道开绿灯。

3）变换情报板内容，传递车辆抛锚、事故信息。

4）开启广播，通知进入隧道的车辆注意安全，并保持广播内容的连续性。播放广播的步骤和要求见表 4-1。

表 4-1　播放广播具体要求

步骤	时间要求	播放要求	播放内容
1	一分钟之内	对抛锚点、事故点按现场情况宣传广播，相同广播内容重复五次	隧道发生事故……
2	工作人员赶往现场时	对抛锚点、事故点至堵塞点依次重复广播，直至工作人员到现场。	工作人员正赶往现场……

续表

步骤	时间要求	播放要求	播放内容
3	工作人员在现场处理时	继续对抛锚点、事故点至堵塞点依次重复广播，直至事故点撤离	工作人员正在现场处理……
4	事故现场处理完毕后	继续对抛锚点、事故点至堵塞点依次重复广播，直至恢复正常通车	事故现场已处理完毕……

5）对抛锚事故应全过程监视、录像，做好抛锚车牵引情况记录。

6）在牵引完毕后，负责与牵引人员校对牵引情况，包括牵引到位时间、牵引完毕时间、被牵引车辆情况等，填写“交通监控工作日志”。

2. 道口牵引排堵员在接到中控指令后，负责做好以下工作：

1）通知交警同车前往，正常情况需在一分钟内发车（或交警自行驾驶两轮摩托车前往）。

2）执行牵引任务时，主牵引员开车；交通拥挤时，随车的副牵引员下车指挥交通，使牵引车安全借道到主车道，随后副牵引员向中控室报告出车情况。

3）到达抛锚点后，交警下车维持交通，副牵引员负责向抛锚车驾驶员询问抛锚情况，同时向中控室报告牵引车到位。实施牵引时，副牵引员负责挂钩，主牵引员开车，在十分钟内将抛锚车辆拖离现场。

4）牵引结束后，主牵引员负责牵引登记、收费工作，副牵引员负责向中控室报告牵引情况以及牵引器材的收纳整理工作。

5）整个牵引过程结束后，牵引车立即返回停车点，到位后应向中控室报到。

6）不同情况下的牵引方法：

（1）在一般情况下发生的抛锚车，如“三无”车辆、一般有制动的机械故障车辆用托架牵引抛锚车。

（2）对无法用硬牵引杆牵引的抛锚车辆，如方向失灵、制动咬死、前后轮脱落以及事故后严重受损的车辆等，必须实施托架式硬牵引。

7）借道行驶规范：

（1）在执行牵引任务时，如前方受阻，在确保行车安全前提下可借道行驶。一般情况下，不准随意频繁借道行驶。

（2）在执行任务时，如要借道行驶须提前发出灯光和声光信号，副牵引员可通过广播指挥车道上的车辆让行，主牵引员确认安全后方可借道行驶。如被借车道车辆较多、车速较快，副牵引员必须下车指挥交通，确保借道安全。

（3）牵引车到达抛锚点后，如需超越抛锚车，停靠在其前方，副牵引员可下车指挥。首先，向被借车道行驶的车辆打出停驶手势，待车辆减速停稳后再指挥牵引车借道超越抛锚车。同时，要防止抛锚车后的尾随车辆跟在牵引车后一起借道行驶。

（4）若牵引车到达抛锚点发现多辆车抛锚，副牵引员应立即通知中控室请求支援，值班长或中控有关人员根据隧道通行状况及牵引车状况决定是否增派牵引车。

四、牵引工况（以杭州某隧道为例）

某公司配备两辆牵引车，一辆停在江北网新管理房院内，一辆停在江南管理中心管理房院内。

（一）单车道堵塞工况牵引方案

单线第①段、东线（萧山—杭州）单车道堵塞的情况：

车辆在东线发生抛锚事故，引起东线单车道堵塞。首先中控人员开启单车道禁止驶入的信号灯，牵引车从江南管理房停车场出发，直接进入东线隧道实施牵引，如图 4-2 所示。

图 4-2　东线单车道堵塞

单线第②段、西线单车道堵塞的情况：

车辆在西线发生抛锚事故，引起西线单车道堵塞。首先中控人员开启单车道禁止驶入的信号灯，牵引车从江北网新管理房停车场出发，直接进入西线隧道实施牵引，如图 4-3 所示。

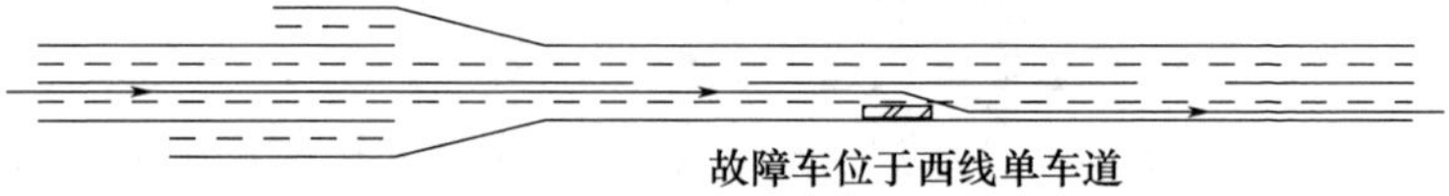

图 4-3　西线单车道堵塞

（二）双车道堵塞工况牵引方案

1. 东线双车道堵塞的情况：

1）车辆在东线南口明挖暗埋段发生抛锚事故，引起东线双车道堵塞，挡车器放下封闭东线两车道，牵引车从江北网新管理房停车场出发，进入西线隧道，利用南连接通道到达东线出事地点实施牵引，将故障车由东线隧道牵出至江北出口，如图 4-4 所示。

图 4-4　东线南口明挖暗埋段双车道堵塞

2）车辆在东线中间盾构段发生抛锚事故，引起东线双车道堵塞，挡车器放下封闭东线两车道，牵引车从江北网新管理房停车场出发，进入西线隧道，利用北连接通道到达东线出事地点实施牵引，将故障车由东线隧道牵出至江北出口，如图 4-5 所示。

图 4-5　东线中间盾构段双车道堵塞

3）车辆在东线北主道、匝道出口附近明挖暗埋段发生抛锚事故，引起东线双车道堵塞，挡车器放下封闭东线两车道，牵引车从江北网新管理房停车场出发，逆向进入东线隧道，将故障车由东线隧道牵出至江北出口，如图 4-6 所示。

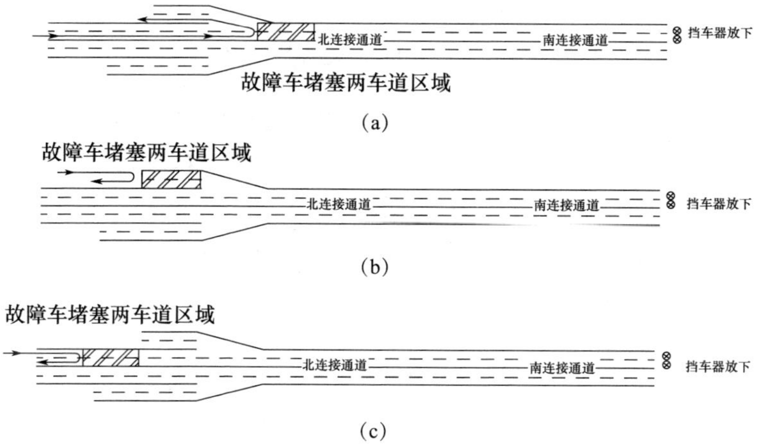

图 4-6　东线北主道、匝道出口附近明挖暗埋段双车道堵塞

2. 西线双车道堵塞的情况：

1）车辆在西线主道入口明挖暗埋段发生抛锚事故，引起

西线主道双车道堵塞，挡车器放下封闭西线两车道，牵引车从江北网新管理房停车场出发，进入西线匝道，逆向行至出事地点实施牵引，将故障车牵引至江南出口，如图 4-7 所示。

图 4-7 西线主道入口明挖暗埋段双车道堵塞

2）车辆在西线匝道入口明挖暗埋段发生抛锚事故，引起西线匝道双车道堵塞，挡车器放下封闭西线匝道两车道，牵引车从江北网新管理房停车场出发，进入西线主道，逆向行至出事地点实施牵引，将故障车牵引至江南出口，如图 4-8 所示。

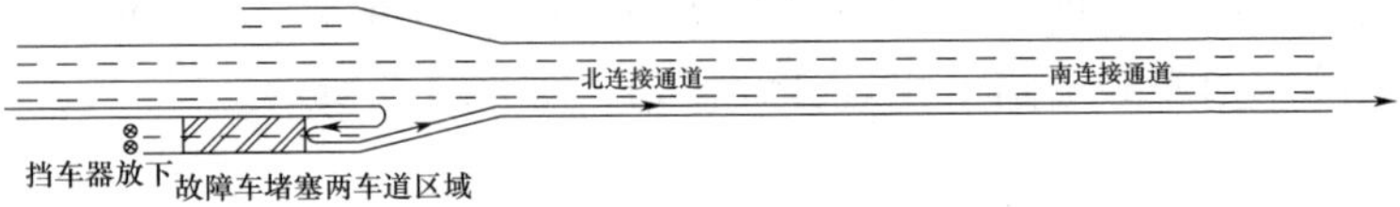

图 4-8 西线匝道入口明挖暗埋段双车道堵塞

3）车辆在西线中间盾构路段发生抛锚事故，引起主道、匝道四车道堵塞，挡车器放下封闭西线主道和匝道各两车道，牵引车从江南管理中心停车场出发，进入东线隧道，利用南连接通道逆向进入西线主道，行至出事地点实施牵引，将故障车牵引至江南出口，如图 4-9 所示。

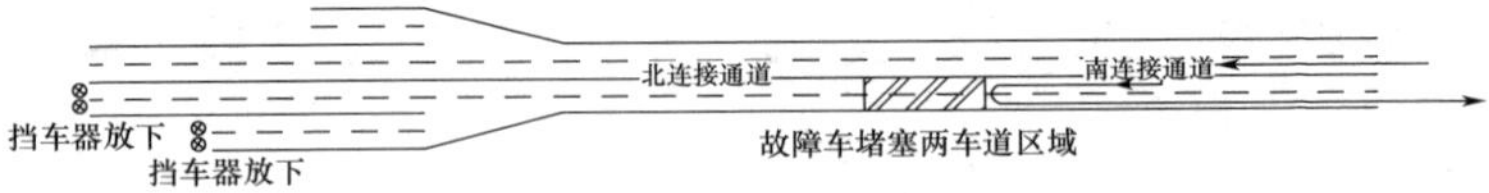

图 4-9 西线中间盾构路段主道、匝道四车道堵塞

4）车辆在西线北明挖暗埋段发生抛锚事故，引起主道、匝道四车道堵塞，挡车器放下封闭西线主道和匝道各两车道，

牵引车从江南管理中心停车场出发，进入东线隧道，利用北连接通道逆向进入西线主道，行至出事地点实施牵引，将故障车牵引至江南出口，如图 4-10 所示。

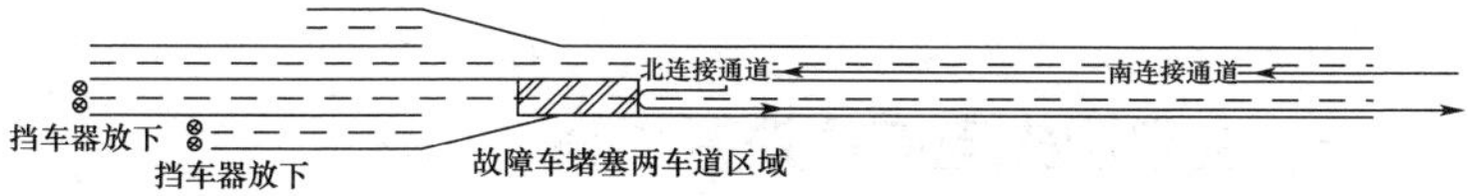

图 4-10　西线北明挖暗埋段主道、匝道四车道堵塞

5）车辆在西线南明挖暗埋段发生抛锚事故，引起主道、匝道四车道堵塞，挡车器放下封闭西线主道和匝道各两车道，牵引车从江南管理中心停车场出发，逆向进入西线隧道，行至出事地点实施牵引，将故障车牵引至江南出口，如图 4-11 所示。

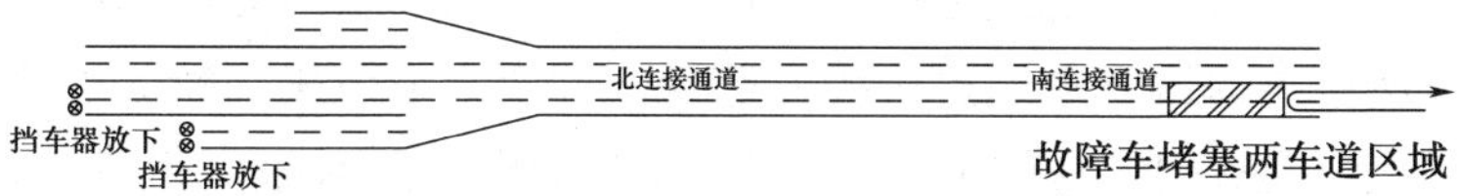

图 4-11　西线南明挖暗埋段主道、匝道四车道堵塞

（三）发生此类特殊情况时，除按照牵引一般程序和规定执行外，相关人员还应执行下列规定。

1. 监控员立即报告总值班长，总值班长负责向江干交巡警指挥中心报告，同时报告运营负责人。

2. 总值班长负责组织车道运营方案调整，并指挥监控员立即变换同向信号灯和情报板，告知车辆驾驶员单向隧道暂时全部封闭，请车辆驾驶员改走附近其他越江道路。

3. 监控员通知巡查员协助交警封锁相关道口。

4. 在抛锚点或事故点前方已无车辆行驶时，监控员通知牵引车逆向进入隧道事故现场。

第三节 隧道停电事故应急处置流程

一、主电源失电应急处置预案

根据主体工程及电源情况，在江北设置一座 10kV 配电所，在江南设置一座 20kV 配电所。各所由电力系统接引两路 10kV 独立电源供电。江北、江南 10kV 配电所供电范围以隧道中心里程为界，分南北两段分别供电。

主电源失电的紧急处置程序如下：

1. 询问停电原因，确定现场负责人。

变电所发生进线电源失电，中控电力调度员应立即询问供电所停电原因，并通过中控室监视器和电力上位机判断隧道照明设备是否已在失电自切运行方式下工作，同时报告值班长，值班长到现场之前相关工作由电力调度员和电力值班员负责。

2. 值班长到现场指挥处理。

值班长到现场指挥处理，并指定有关人员向公司运行管理部主任、养护管理部主任、总值班长和经理汇报。

3. 变电所电力值班员到现场进行检查，确定停电原因。

1） 控制回路检查。

变电所电力值班员检查综合保护继电器各信号状态。综合保护继电器可提示过流、速流、失压和“喘振”等问题，可通过查看综合保护继电器动作指示灯确定设备故障的位置、原因。设备因线路失压引起的开关跳闸通常由各柜综合保护继电器失压信号指示，设备故障引起的开关跳闸通常由各柜综合保护继电器过流、速流、失压、“喘振”等信号指示。变电所电力值班员还须检查直流屏光示牌，根据光示牌显示内容确定设备故障的位置、原因。

2）现场设备检查。

变电所电力值班员对进线开关上下桩头验电，确定进线开关带电状态。根据供电系统失电情况的分析，变电所电力值班员检查各级供电线路，同时通过和中控室电力调度员对隧道照明出线开关的遥测值、现场表计指示值的核对，判断隧道照明设备是否已在失电自切运行方式下工作。

4. 变电所电力值班员按典型操作票进行倒闸操作，恢复重要设备供电。

如有隧道内基本照明光带停电、火灾等紧急突发事故，经值班长口头确认、发令，即可按典型操作票进行倒闸操作。外电网失电时，现场检查的同时应与供电局保持联系。在确定电源暂时无法恢复时，经值班长口头确认，实施电源失电后按典型操作票应急倒闸操作。倒闸操作后补作记录，并做好存档手续。倒闸操作以确保隧道照明供电为重点，同时必须减少系统供电负载，必要时卸去风机负载。

值班长在确认停电原因和停电时间后应立即通知电力调度切换供电电源。

5. 中控监控员负责对中控交通屏实施严密监控，并通知交警和各岗位人员做好交通指挥的组织协调工作，确保隧道的交通安全。

6. 值班长按照报告制度将处置情况上报各级主管领导。

如遇外电网失电、重大设备事故、照明失电、供电系统设备故障，无法进行倒闸操作时，必须立即报告总值班长。总值班长负责向养护公司、隧道主管部门及其监管部门报告。同时经理、运营负责人、维修负责人和总值班长应到现场。

7. 变电所值班员完成现场各项安全措施及检查工作。

变电所值班员完成倒闸操作后，必须复查各项安全措施，做好相关记录，值班长负责组织复查供电系统设备运行状况。

8. 变电所电力值班员和巡检员进行现场检修。

巡检员负责对供电系统的故障设备进行检修，为确保主要供电设备尽快恢复正常运行，应采用备用开关替换的方法。

9. 维修人员进行检修和抢修。

如遇重大设备事故、照明失电、供电系统设备故障，变电所值班员无法按要求进行倒闸操作，巡检员无法排除设备故障时，值班长应立即报告总值班长、公司副经理和经理，同时报告总工程师，启动设备抢修预案。

10. 紧急处置的善后工作。

应急处置结束后，养护单位应积极配合有关部门开展车辆疏通、指挥交通、救济救助工作，按相关部门的有关规定对车辆、人员进行安置，若有需要时对物资和劳务征用补偿予以处理，开展安置、安抚、赔偿等事宜。

11. 电源恢复送电后进行倒闸操作。

恢复送电前先与供电所调度人员电话联系，如是外电源停电检修或外电源故障停电，应先做好“核相”工作，后进行恢复电源的倒闸操作。恢复供电后将事件和造成的影响情况在24小时内上报养护公司、隧道主管部门及其监管部门。

二、双路停电应急处置预案

1. 运营单位应立即启动隧道内紧急备用电源。

2. 如短时间停电，监控人员应立即通知公安交警部门对隧道实行交通管制；如长时间停电，运营单位应立即封闭隧道，并在隧道入口处设置警示标志，通知公安部门对隧道实行交通管制。

3. 运营负责人应立即通知电力部门进行检测、抢修。

4. 隧道养护公司经理应立即向隧道主管部门和其设施监管中心报告，由养护公司立即召集工作小组相关人员赶赴现场，配合相关部门做好有关工作。

5. 监控员应进行紧急广播，限时 10 秒，内容包括情况说明、逃生口位置、逃生路线等，引导和疏散隧道内滞留的车辆和人员。

6. 如长时间停电，值班长应立即关闭隧道内日常用电设备，防止因突然进电导致设备故障。

7. 恢复供电后，监控员应立即启动设备，并恢复交通。

三、照明系统故障处置预案

1. 主照明失电处理要求快速、准确，确保交通安全。

2. 监控人员一旦听到电气设备报警声，应查看计算机实时报警提示，查清发生事故的设备，确定设备的位置，初步确定产生事故的原因，并报告值班长。

3. 监控员通过广播和情报板通知驾驶员注意隧道内行车安全。

4. 电力值班人员到设备房核查报警信号和开关状态，分析故障原因。对照明供电系统按照“先自控后手动，先一次回路后二次回路”的工作顺序进行检查，可采用开关替换的方法尽快恢复主照明。

5. 若照明线路短路、恢复照明开关合闸状态无效，电力值班人员应及时说明故障可能原因，并报告维修负责人，说明故障情况。

6. 机电维修人员根据故障情况、部位按检修路线赶赴现场抢修，电力值班人员要做好检修配合工作，听从现场检修负责人的工作指挥。

7. 检修人员要做好故障处理记录，详细记录发生时间、部位及故障的处理过程、方法，并进行备案。

8. 监控人员通过监视器监视应急照明情况和交通情况，发现异常须报告值班长。

9. 维修人员无法修复故障时，负责人要制订倒闸操作方案，恢复对主照明供电，值班长启动设备抢修预案并报告市政设施监管中心。

10. 恢复供电后，将超过 10 分钟失电事件和造成的影响在 24 小时内书面报告养护公司、隧道主管部门及其监管部门。

第五章　安全、文明养护和消防、环境管理及综合治理措施

第一节　安全养护措施

一、安全工作总体计划

贯彻“安全第一，预防为主”的方针，切实加强劳动保护，长期做到安全生产和文明养护工作。安全生产是十分重要的课题，稍有疏忽将会导致严重后果。要根据运营、保洁、养护实际工作情况和可能遇到的问题，做好各种安全技术措施，努力把事故频率降到最低。以下为某公司的安全工作总体计划：

1. 做好年度安全生产计划，编制和落实安全经费计划，做好安全设施的配备工作，做好防寒保暖、防暑降温工作，做好劳动防护用品的发放工作及使用情况的检查。

2. 确立年度《安全管理目标》，制订相应的《安全培训计划》，完善《安全生产责任制》《有关工种的岗位操作规程》和《养护作业安全技术措施》。

3. 管理公司每月召开一次安全生产例会，及时传达各类安全会议文件精神，交流各部室、班组安全生产的情况。及时总结安全生产经验，消除事故隐患，每半年召开一次安全生产

总结会议。

4. 班组每周进行一次安全会议，传达各类安全会议、文件精神，简单回顾上周安全工作情况，布置下周安全工作重点。

5. 做好新员工的上岗安全教育培训，同时做好转岗、换岗的安全交底、培训工作。

6. 每年有针对性地组织管理运营、保洁和养护维修等专题安全培训。组织员工学习国家最新的行业标准、建筑施工安全检查标准及其他强制性条文。

7. 加强隧道作业的安全监理和现场监视、检查，定期抽查隧道作业人员的安全保护和现场安全措施的落实情况，对违反操作规程的行为给予制止、处罚。

8. 对零星的发包项目要与分包单位签订工程承发包合同，签订前须审查承包单位安全资质，签订工程承发包安全管理协议书，签订安全生产抵押金协议，并负责督促分包方实施。对不及时整改严重违章、事故或隐患的单位坚决给予制止、处罚，直至终止合同。

9. 对重视安全生产，防护措施得力，全年无违章、无事故的班组及个人实行奖励，促进员工不断提高安全防范意识。

二、安全管理目标

1. 杜绝一切重大伤亡事故，实现“零”安全事故；杜绝无责任重大火灾、交通、机械设备、管线损坏及中毒事件。

2. 施工、养护安全生产达到《中华人民共和国安全生产法》《中华人民共和国消防法》《中华人民共和国突发事件应对法》及地方行业规定标准，安全检查达到《建筑施工安全检查标准》（JGJ 59—2011）及地方行业规定标准。

三、安全生产责任制及安全操作规程

根据实际岗位安排需要，本着“管生产必须管安全”的原则，编制详细的安全生产责任制，对各操作流程和操作工种分别编制相应的操作规程。

四、安全教育制度

开展安全生产宣传教育和培训工作是一项艰巨的长期任务，严格执行“未经安全教育培训的人员不得上岗作业”的规定。有计划、有组织地对所有各类管理人员及作业人员进行安全教育培训，提高各级各类人员的安全意识，增强自我保护意识和能力，特别要做好新工人三级安全教育和特种作业人员上岗培训考核工作，严格执行持证上岗制度，杜绝违章指挥、违章作业、违反劳动纪律的现象。在加强落实安全技术措施的同时，安全教育和培训是重要一环。以下为开展安全教育工作的具体规定：

第一章 总 则

第一条 为贯彻“安全第一，预防为主，综合治理”的方针，加强本企业职工安全培训教育工作，增强职工的安全意识和安全防护能力，减少伤亡事故的发生，特制订本制度。

第二条 企业职工必须定期接受安全培训教育，坚持“先培训、后上岗”的制度。

第三条 本制度适用于所有管理公司员工。

第四条 管理公司专职安全员主管员工安全培训教育工作。

第二章 培训对象和内容

第五条 管理公司员工每年必须接受至少一次的安全教育培训。

一、专职安全管理人员，除取得岗位合格证书并持证上岗外，每年还必须接受安全专业技术培训。

二、特殊工作（驾驶员、电工、电焊工、机修工、起重工、吊车司机等）在通过专业技术培训并取得岗位操作证后，每年仍须接受有针对性的安全培训。

三、待岗、转岗、换岗的职工，在重新上岗前必须接受一次安全培训。

第六条 新工人必须接受管理公司、部门、班组的三级安全教育，经考核合格后方能上岗。

第七条 安全培训教育的主要内容：国家和地方有关安全生产的方针、政策、法规、标准，行业规范、规程和本企业的安全规章制度以及隧道、高架道路、桥梁养护作业安全操作规程和事故案例分析等。

第三章　安全培训教育的实施与管理

第八条 实行安全教育培训登记制度，建立职工安全培训教育档案，三级安全教育卡，没有接受安全培训教育的职工不得从事作业或者管理活动。

第九条 管理公司工程师、专职安全员制定管理公司职工安全培训教育规划和年度计划并组织实施。

第十条 对于零星分包的工程项目，由安全员统一负责管理分包单位职工的安全培训教育工作，分包单位要服从管理公司的统一管理。

第十一条 从事安全培训教育的工作人员，应当具备一定技术职称、一定管理教育方面的经验，经安全专业培训并获得资格证书。

第十二条 安全教育培训应当使用经有关教育主管部门统一审定的培训教育大纲和教材。

第十三条　培训人员须进行安全培训试卷考核并记录在案，作为考核依据。

第十四条　管理公司确保职工的安全教育培训经费落实。

第四章　附　则

第十五条　如遇与国家法律、法规、上级管理公司内容、要求有抵触的，按上级规定办。

五、安全检查制度

为保证安全措施的落实，不断提高安全生产管理水平，根据《建筑施工安全检查标准》（JGJ 59—2011）和《现场施工安全生产管理规范》（DGJ 08-903—2010），结合养护质量考核办法具体要求，并根据隧道管理的特点制订相应安全检查制度。

1. 每月一次对养护作业现场、班组进行安全检查，检查人员为管理公司安全领导小组成员，并由总经理、副总经理、总工程师、专职安全员带队。

2. 专职安全部每周一次对养护作业现场、班组进行安全检查。

3. 每天负责隧道巡逻的管理员也应有安全巡视记录。

4. 每次安全检查做到全面记录，安全检查后由安全领导小组人员进行评价。

5. 对查出的问题和事故隐患的整改做到“三定”，即定人、定时间、定措施。最后由安全领导小组人员进行复查。

6. 按重大事故隐患整改通知书所列项目如期完成，并附有书面整改报告。

六、养护作业安全技术措施

隧道是交通要道，车流量大。为减少养护作业对正常交通的影响，保洁、养护的绝大部分工作量都应在深夜进行。夜间养护作业，安全措施至关重要。夜间易发生违章驾驶等各类事故以及突发事件，容易对隧道保洁、养护安全造成危害。保洁、养护隧道时，既要保证做好保洁、养护作业人员的安全，又要考虑到社会车辆通行的便利性、安全性。在落实安全责任制、各工种安全操作规程，执行安全检查制度、安全教育培训制度的基础上，还须实施严密的安全防范措施，进行正确合理的交通导向布置。以下为管理公司制订的安全技术措施：

（一）一般规定

1. 管理公司员工必须自觉遵守、严格执行党和国家有关劳动保护与安全生产的方针、政策、法令和管理公司的安全生产责任制、各类工种的操作规程，接受安全检查，参加各类安全教育培训。

2. 隧道维护作业必须贯彻“安全第一、预防为主、综合治理”的方针，杜绝生产和交通事故。

3. 隧道日常保洁、养护维修作业必须通过交通管理部门办理手续，遵守交通管理部门的有关规定。

4. 封闭隧道交通作业时间为23：00—5：30，要完成所有保洁、养护维修任务。

5. 加强对养护现场安全防范措施的督查，各类养护维修车辆必须配备带有导向箭指示灯牌或强光警示灯、封闭交通的标志、标牌等，道路施工安全设施必须符合《道路交通标志和标线 第1部分：总则》（GB 5768.1—2009）等国家标准的要求。

6. 对于分包零星隧道保洁、养护维修项目，在签订生产合同前须对施工队伍安全资质进行审查，并签订安全生产协议书。每次作业前做好安全交底，养护施工中进行安全检查，施工后保证安全清场。

7. 安全设施必须由专人负责安放和撤除。

（二）作业人员安全措施

作业人员必须穿着统一规定的反光标识服，头戴安全帽。高空作业必须佩戴安全带、安全帽，持证上岗。做好安全维护方可进行作业。

作业人员不得随意将工具、材料放到施工区域内外，不能坐在危险区域休息。

作业人员在作业时不得超越封闭的施工区域，不准嬉闹。

对于不具备全封闭交通条件的时段，必须配备灯牌车或专用封道路障车，作业人员必须在车辆前方作业。

（三）保洁、养护作业交通控制区安全措施总体要求

应针对隧道的具体情况采用符合国家标准的封道设施，降低和控制潜在的危险数值。

养护作业交通控制区的布置应符合“标志鲜明、规范统一、安全有效”的原则。交通标志和标牌应按标准制作，图案清晰，意图明了（参照国家标准设置）。

交通控制区按封闭车道的宽度设置警告区、上游过渡区、缓冲区、作业区和下游过渡区。警告区设禁令标志，依次设有禁令标志、施工标志和装有导向箭指示灯牌装置的封道车，向车辆显示前方正在进行施工作业。警告区的长度为60m（一般为车道宽度的5倍），特殊道口可适当缩短。

根据隧道保洁、养护的规模和要求及进行方式，隧道的作业方式和封闭交通的安全技术措施主要有封闭隧道和封闭车道、流动作业三部分，因此采用的交通控制布置方式主要划分为三类：

1. 全封闭隧道通行。

为保障作业安全和车辆通行安全，公司计划每天23：00至第二天5：30对隧道双向进行全封闭作业，作业内容包括集中保洁、结构检测、变形观测和设施维护与维修等。

2. 半封闭隧道通行。

根据隧道养护维修及时性和安全性的需要和隧道空间特有的行车条件，在某时段内封闭隧道的某一车道，进行的日常保洁、养护维修。封道要求和封道顺序如下：

1）先在警告区端点前设置好前方作业等警告标志。

2）封道车辆必须先停靠在离控制区域60m处的左侧车道上，装卸封道设施必须在车辆内侧，封道人员必须在车辆前方。斜放交通路锥若干只，并与中心隔离墩形成30°角，每只间隔1m，逐个安放，并配备有效警示灯。

3）依次安放禁令牌、导向牌和施工牌。

4）封道车辆停放在控制区域内，并打开导向箭指示灯牌。

3. 不封闭隧道通行的流动作业

不封闭隧道通行的流动作业指的是清扫车、洒水车、巡查车等施工车辆的行驶作业。不封闭隧道通行的流动作业要求：

1）养护作业的清扫车、冲水车、侧壁清洗车等施工车辆必须设置导向箭指示灯牌或醒目的警示灯，作业时必须开警示灯或导向箭指示灯牌。

2）作业时，车辆限速行驶，清扫车限速5～8km/h，牵引车限速20km/h，冲水车、侧壁清洗车限速5～8km/h。

3）车辆不得任意变道、倒车和逆向行驶。

4）一般不允许作业人员下车，特殊情况作业人员下车时车辆必须在右侧停靠。作业人员必须在车辆前方内侧作业，必须加强自我保护意识，严禁任意走动。

（四）用电安全措施

1. 现场照明。

照明电线用绝缘子固定，导线不得随地拖拉，照明灯具的金属外壳必须接地或接零。室外照明灯具距地面不得低于 3m，室内照明灯距地面不得低于 2.4m。

2. 配电箱、开关箱。

应使用 BD 型标准电箱，电箱内开关电器必须安全无损，接地正确，电箱内应设置漏电保护器，选用合理的额定漏电动作进行分级匹配。配电箱应设置熔丝、分开关，零排地排齐全，动力和照明分制设置。

3. 用电管理。

安装、维修或拆除临时用电工程必须由电工完成，电工必须持证上岗，实行定期检查制度，并做好安全检查记录。

（五）机械设备安全措施

1. 驾驶、操作人员必须持有效证件上岗，平时应做好例行保养记录。

2. 养护工程车、起重机的保险、限位装置必须齐全有效。

3. 作业时，机械停放应尽可能稳固，臂杆幅度指示器应灵敏可靠。

4. 设备电缆线应绝缘良好，不得有接头，不得乱拖乱拉。

5. 各类机械应配备技术性能牌和上岗操作牌。

6. 必须执行保养制度，做好操作前、操作中和操作后设备的清洁、润滑、调整和防腐工作。严禁机械设备超负荷使用、带病运转。

7. 机械设备夜间作业必须有足够的照明。

第二节　文明养护措施

文明养护是涉及人民群众切身利益的大事，是企业取信于民、在民众中树立良好形象的大事，同时养护的文明程度也体现了一个地区精神文明建设的状况。如在文明养护方面掉以轻心，造成的损失和影响是难以弥补的。要实施标准化养护，确保做好“便民、利民”工作，充分体现“修路想到行路人，桥通路平为人民”的市政职业道德风貌，把对文明养护施工管理的认识上升到维护企业形象、维护城市形象的高度。

一、组织管理措施

1. 建立文明养护管理小组。

2. 建立岗位责任制，把文明养护责任落到实处，提高全体管理运营、养护人员文明服务、文明养护的自觉性和责任性。

3. 制定控制中心的规范服务标准，规范服务标准，强化管理，创建文明行业。做到仪容整齐、语言标准。

4. 制订养护计划的同时，必须明确文明养护的具体要求，编制切实可行的养护实施组织设计。加强对管理公司员工的文明养护教育，经常组织学习有关文明施工条例及相关常识，讲职业道德、扬行业新风。

5. 邀请媒体、公交、交通管理部门、市民作为义务监督员，定期向他们汇报养护作业情况并征询对文明养护的意见和建议，以此争取各方的理解、支持和配合。

二、现场管理措施

1. 针对养护的特点，严格按照交通管理部门批准的作业时间进行养护作业，不随意封闭隧道。

2. 养护作业，坚持通过各种形式进行社会告知，作业时养护区域与非养护区域间用安全设施标准隔离。规范布置警告区、警示灯牌及“安全行车”“敬请市民谅解”等宣传标牌。

3. 养护施工以“二通三无五必须”为文明施工准则，保证车辆、行人的安全。

4. 现场作业人员按规定统一着装，不穿拖鞋、不赤膊。坚持“七不规范”，养护作业时不大声喧哗，不随地大小便，严格禁止随意处置养护垃圾。

5. 加强对施工养护机械的维修保养，减少机械噪声，不使用噪声超标的机具设备，减轻对养护、施工所在区域居民的影响。

6. 施工现场每天做到“工完、料净、场地清”，妥善存放工具材料。

三、内业管理措施

1. 根据行业、管理公司文明服务要求，各办公室布置要求环境整洁、设施齐全，内业资料文档资料放置有条不紊。

2. 及时做好养护作业、文明施工等内业资料，包括声像资料的收集、整理和归档工作，保证资料的规范性、及时性、准确性、可靠性和完整性。

3. 定期进行文明养护作业检查，发现问题及时整改并做好记录。对不文明的、野蛮养护的行为严肃处罚。热情接待、处理各类来信，来访。

第三节　消防管理措施

为加强项目的消防管理，杜绝火灾，保障国家财产免遭损失，同时也为保障员工的人身安全，特采取以下具体措施：

1. 管理公司建立由总经理为第一责任人的防火领导小组

及义务消防队。

2. 消防管理必须符合文件规范要求，建立防火、防爆等管理制度，定期进行消防检查，内业资料规范、齐全。

3. 层层签订消防责任书，落实内部消防措施，定期召开防火宣传例会，向作业人员宣传消防知识。把消防责任落实到重点防火班组、重点工作岗位。

4. 隧道现场及车辆配备足够的消防器材，统一由消防干部负责维修、管理和定期更新，对防火防爆、消防设备每月进行一次检查，并做好书面记录。

5. 养护休息区等场所严禁存放易燃易爆物品，严禁使用电炉、煤油炉等，严禁乱拉电线，不准在禁烟区或床上吸烟。

6. 按照管理制度规范各种不同的物品尤其是危险物品的存放。及时堵塞漏洞、解决隐患，防止火灾发生。

7. 现场动火作业必须按照审批程序，办理一、二、三级动火作业手续，安排防火监护人员。

8. 电焊工必须持证上岗，在动用明火时，必须随身带好动火许可证、消防灭火机和监护人责任交底书。

9. 自觉遵守社会、业主有关消防工作规定和要求，做好灭火施救预案，发生火警在自救的同时及时报警。

第四节　环境管理措施

为保证养护作业时减少对隧道通行车辆和附近区域的市容环卫影响，突出“以人为本”的理念，贯彻“预防为主，防范于未然”的工作方法，做好养护的市容环境保护管理，特制定以下措施：

1. 管理公司确立养护运营部，负责市容环境保护管理，制订养护方案时必须考虑市容环境保护，定期进行检查并考核落实情况。

2. 做到建筑材料的规范堆放，加强养护施工废料外运和建筑材料进场过程管理，注意车辆所经过路线的道路保洁工作。

3. 加强对施工养护机械的维修保养，不使用降尘装置失效的机具设备，严格控制施工养护时的灰尘，减轻养护时对外界的影响。

4. 炊事人员须持有健康证明，应保持食堂清洁卫生、食物新鲜。养护作业现场严禁食用生水，茶水桶内部应清洁无污垢，防止病从口入。

5. 保证办公室和养护基地等场所的内部环境清洁卫生，办公室、宿舍实行卫生值日制，宿舍内工具、工作服、鞋等定点集中堆放，做到无痰迹、烟头纸屑等。

6. 养护基地配备急救药品，做好季节性卫生宣传工作。

第五节　综合治理措施

为加强企业内部管理，确保稳定，贯彻治安“群防群治”的原则，防止各类治安、刑事等事件的发生，保障国家财产免遭失窃，保障员工的人身安全，特采取以下具体措施：

1. 管理公司由副经理负责治安防范工作，执行治安防范责任制度，层层签订治安责任协议书。加强对养护作业人员的法制宣传和综合治理教育，提高广大员工遵纪守法的自觉性，使每个作业人员都有综合治理意识。

2. 加强养护基地、养护人员的治安管理，杜绝赌博、盗窃、打架和聚众斗殴等违法事件的发生。

3. 发现不安定因素须及时开展思想工作，疏导化解矛盾，杜绝各类过激行为的发生。

4. 聘用外来养护作业人员时，必须要求作业人员办理临时居住证明。

5. 加强对养护物资、重要器材和大型设备的管理。

6. 定期进行检查，按照社会、业主有关综合治理的工作规定和要求落实各项治安防范措施。